爱 健康 美好

完美胎教

高振敏◎著

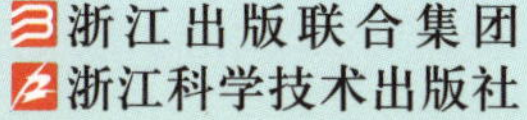
浙江出版联合集团
浙江科学技术出版社

图书在版编目（CIP）数据

爱 健康 美好：完美胎教 / 高振敏著. —杭州：浙江科学技术出版社，2017.6
（准妈妈的怀孕指南）
ISBN 978-7-5341-7527-5

Ⅰ. ①爱… Ⅱ. ①高… Ⅲ. ①胎教－基本知识 Ⅳ. ①G610.8

中国版本图书馆CIP数据核字（2017）第057994号

爱 健康 美好 完美胎教

高振敏 著

责任编辑：王巧玲 仝 林　**责任印务：**田 文
责任校对：陈淑阳　**特约编辑：**鹿 瑶
责任美编：金 晖　**美术编辑：**吴金周

出版发行：浙江科学技术出版社
地址：杭州市体育场路347号
邮政编码：310006
联系电话：0571-85170300转61704
图书策划：日知图书（www.rzbook.com）
印　刷：北京艺堂印刷有限公司
经　销：全国各地新华书店
开　本：720×1000 1/16
字　数：180千字
印　张：12
版　次：2017年6月第1版
印　次：2017年6月第1次印刷
书　号：ISBN 978-7-5341-7527-5
定　价：39.90元

前言

很多人认为胎宝宝生活在子宫这个黑暗无声的世界里，没有意识、感觉和思想，但现代医学已经否认了这一认识。胎宝宝从第5周开始即有较为复杂的生理反射机能，第10周时已经拥有触觉、情感、领悟和记忆的能力。这说明，胎宝宝在“宫中”已有感知和学习的能力。调查研究也表明，科学合理地进行胎教，有助于胎宝宝智力和人格的发展。

很多人对胎教存在误区，认为胎教的目的就是为了培养天才，胎教就是读故事……其实，胎教既是一门技术，也是一门艺术。那么，准妈妈该如何迅速、准确地掌握胎教要领呢？每个月的胎教都有哪些重点呢？如何通过胎教激发胎宝宝的潜能呢？让本书来告诉准妈妈、准爸爸们最想要的答案！

本书以孕月为阅读单位，系统而全面地介绍了每月胎宝宝的发育状况、准妈妈的身体变化、胎教要点、胎教具体实施方法及效果、关于胎教的温馨小贴士等，内容翔实而全面，相信会成为准妈妈怀孕期间最贴心的助手！书中几乎涉及了目前所有的胎教方法，如：营养胎教、情绪胎教、美文胎教、呼唤胎教、音乐胎教、抚摸胎教、对话胎教、运动胎教、语言胎教、美育胎教、游戏胎教、故事胎教等十余种多元胎教方法，为准妈妈提供了一顿“胎教盛宴”，满足准妈妈不同孕育阶段、不同时期的需要。

谁都渴望拥有健康而聪明的宝宝，谁都渴望把自己全部的爱给予宝宝，而胎教正是准妈妈传递母爱的一种美妙的语言。生命的孕育因胎教而完整，宝宝的智力因胎教而提升，妈妈的爱因胎教而得到释放，让小生命在“宫中”接受胎教的洗礼吧！

高振敏

目 录

胎教，从爱开始

Chapter 01

胎宝宝比你想象的更聪明

Chapter 02

受过胎教的胎宝宝有何不同

Chapter 03

真正的胎教不止讲故事

Chapter 04

胎教，扫清误区再开始

Chapter 05

准爸爸胎教必不可少

孕5月

PART 6

在语言胎教最佳期和你聊个不停

孕6月

PART 7

胎宝宝能感受到胎教中的浓浓爱意哦

孕7月

胎宝宝发育关键期，胎教坚决不能停

准妈妈健康课堂：准妈妈开始变得辛苦了

Chapter 02

多元胎教时光：胎宝宝和准妈妈的甜蜜交流

孕8月

胎教进行时，胎宝宝开心地动不停

Chapter 01

准妈妈健康课堂：拿什么拯救我的妊娠纹

Chapter 02

多元胎教时光：迎接胎教的“尖峰时刻”

孕9月

开始培养胎宝宝的艺术细胞

Chapter 01

准妈妈健康课堂：从没有一种辛苦如此快乐

Chapter 02

多元胎教时光：对胎宝宝实施全方位胎教

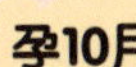

用胎教帮助胎宝宝准备进入新世界

Chapter 01

准妈妈健康课堂：胎宝宝足月了！

Chapter 02

多元胎教时光：准妈妈心情好，胎宝宝更健康

PART 1
胎教，从爱开始

胎宝宝比你想象的更聪明

胎宝宝的大脑发育和意识产生

人的大脑是逐渐发育成熟的，早在胚胎时期大脑便开始发育。那么在胎宝宝大脑逐渐发育成熟的过程中，脑细胞发育的关键阶段是在什么时候呢？实验表明，胎宝宝的大脑细胞增殖旺盛期是在怀孕第3个月到怀孕第8个月之间，此期间大脑体积增大与脑细胞增殖是同步进行的，而且脑细胞数量也一次性增殖完成。

胎宝宝在怀孕6个月大就已具有约140亿个脑细胞，此时已经基本具备了一生中所有的脑细胞数量。之后的发育只能提高脑细胞的质量，宝宝出生后若想再增加一些脑细胞，几乎是不可能的。由此可见，胎宝宝时期脑的发育是十分关键的。

视觉发育

在怀孕第2个月时，胎宝宝的眼睛开始发育，到了第4个月时，胎宝宝对光线已经非常敏感。为了证实这一点，有学者曾用手电筒的光线有节奏地照射准妈妈的腹部，发现胎宝宝会睁开双眼，把脸转向有亮光的地方，胎宝宝的心率也随之发生规律的变化。这就说明，胎宝宝在准妈妈的子宫里是有视觉能力的，对胎宝宝实施光照胎教能促进其视觉发育。

听觉发育

在怀孕第4周时，胎宝宝的听觉器官便开始发育，第8周时耳郭已经形成，这时胎宝宝的听觉神经中枢的发育尚不完善，所以还不能听到来自外界的声音。到怀孕第25周时，胎宝宝的传音系统基本发育完成。到怀孕第28周时，胎宝宝的传音系统已充分完成并可以产生听觉反应。此时，胎宝宝已经具备了能够听到声音的所有条件。准妈妈和准爸爸应及时抓住怀孕25周以后的有利时机，每天有计划地对胎宝宝进行听觉训练，以培养胎宝宝灵敏的听力和对外界事物的反应能力。

记忆力

目前医学界多数学者认为，胎宝宝具有记忆能力，而且这种能力还将随着胎龄的增加而逐渐增强。曾有学者做过这样的实验：在医院产科的宝宝室里播放妈妈子宫血流及心脏搏动声音的录音，发现正在哭泣的新生儿很快就安静下来，情绪变得稳定，饮食、睡眠情况也变好，而且体重增加迅速。这是因为胎宝宝在子宫中早已熟悉妈妈的心音，一听到这种声音就会感到安全、亲切。

既然胎宝宝有记忆能力，准妈妈就应设法开发胎宝宝的记忆能力，把正面的、积极乐观的、真善美的信息及时传递给胎宝宝，帮助胎宝宝培养更好的性格。

触觉发育

胎宝宝的触觉发育较早，当胎动出现时，隔着母体触摸胎宝宝的身体，胎宝宝就会做出反应。也就是说，触觉发育早在胎宝宝时期就已经开始了，而这一点也是抚摸胎教有益胎宝宝触觉潜能开发的有力证据。

受过胎教的胎宝宝有何不同

什么是胎教

所谓胎教，简单来说就是怀孕期间准妈妈要掌握足够的知识，去认识与了解周围环境对胎宝宝的影响，以指导准妈妈如何在孕程中让自己的身体及心理都能与胎宝宝共同成长。经过胎教的训练，准妈妈会重视自身的健康和营养，正确面对怀孕带来的各种不适与不便，培养平稳的情绪，远离焦虑、消除压力，在保持心情愉快的同时努力建立正面、积极的生活态度。

准妈妈也可以通过胎教，努力充实自己、建立自信，让怀孕成为自我蜕变与成长的机会。当准妈妈的身心环境都处于最佳状态时，胎宝宝在子宫内就会受到良好的刺激，使身心发育更加健康，这对以后建立良好的亲子关系有莫大的帮助，也为宝宝出生后实施早期教育迈出了第一步。

直接胎教

直接胎教是指对准妈妈和胎宝宝的保健教育，是为了促进胎宝宝生理和心理健康地成长，确保准妈妈能够平安地度过孕产期，所采取的精神、饮食、环境等方面的保健措施。因为没有健康的妈妈，就不能生育出健康的宝宝。孕期胎宝宝还没有完全定型，正处于器官形成和生长发育中，容易受外界影响而发生变化，即中医所说“形象始化，未有定仪，因感而变，外象而内感”。这里所说的受外界影响，主要是指受母体精神、饮食、寒温等方面的影响。母体的身心是否健康，对胎宝宝的成长，包括智力与体质的发育，具有决定性的作用。因此，直接胎教有利于准妈妈和胎宝宝的身体健康和精神健康，有利于保胎、养胎和护胎等保健措施的实行。

间接胎教

间接胎教是指在怀孕期间加强准妈妈的精神和品德修养的同时，利用一定的方法和手段，通过母体刺激胎宝宝的感觉器官，以激发胎宝宝大脑和神经系统的有意活动，从而促进胎宝宝身心的健康发育。

间接胎教相对于直接胎教来说，更偏重于品德、精神、智力以及性情的培养，主要是通过采取一些措施与方法，让准妈妈置身于美好的事物、环境和氛围中。这样不仅能使准妈妈精神饱满、心情舒畅、思维敏捷，还能间接促进胎宝宝身心、品质、智力等方面的良好发育。间接胎教实际上是在直接胎教的基础上，对准妈妈和胎宝宝的精神世界的优化和美化，在胎宝宝个性的形成、智力的发育及人格的完善方面，具有举足轻重的作用。

胎宝宝的感知和学习能力

胎宝宝除了听力之外，在胎龄10周左右就已具有压觉、触觉等感觉，并开始具有相应的功能，如触觉、情感、领悟和记忆的能力。这一切都足以说明，胎宝宝在“宫中”已有感知和学习的能力。

处于母体子宫中的胎宝宝也能进行“思考”，做出“决定”。成人进行思考并决定做出某一动作时，通常心跳频率会略微增加。用仪器观察腹中胎宝宝，会发现胎动发生前的6～10秒，胎宝宝的心跳频率明显加快。这种现象在胎龄6个月起便能观察到，说明此时胎宝宝大脑已发育到能够进行思考的程度。

胎宝宝不但有听觉、感知、记忆能力，而且还具备一定程度的思考和决定能力。为此我们应该不失时机地做些有利于胎宝宝大脑发育的工作，从而使胎宝宝在大脑发育的关键时期受到良好的早期训练，以促进胎宝宝先天智力或潜在能力的更好发育。

胎宝宝是怎样学习的

胎教的目的是为了优生，而优生的根本宗旨则在于使每个胎儿都具有优良的遗传基因。想要获得优良的遗传基因，胎宝宝生长的环境条件是一个非常重要的因素。

一般来说，胎宝宝生长的整体环境是由母体内胎宝宝生长的环境和准妈妈生活的大环境构成的。准妈妈的营养、文化修养、孕期保障等因素影响胎宝宝生长的生理环境；准妈妈的疾病、服用的药物、接触的化工产品以及情绪变化等因素所引起的身体内分泌的改变则影响胎宝宝生长的生物化学环境；准妈妈的运动、子宫内的条件以及准妈妈接受的阳光、空气、声响、辐射等因素又影响胎宝宝生长的物理环境。

以上种种因素合起来才是“胎教环境”。因此对于准父母来说，要想做好全方位的胎教，一定要从以上这些方面下功夫才行。

胎教可以让胎宝宝变得更聪明

胎教对胎宝宝的益处不胜枚举，它不仅可以激发胎宝宝的智力潜能，在准妈妈的良性影响下，胎宝宝还会养成良好的生活习惯以及优良的性格，这对其未来的发展大有帮助。

1. 受过胎教的婴儿非常爱听音乐，特别喜爱在腹中时父母给自己听过的音乐。这些宝宝对音乐敏感，其音感准确，学习音乐的能力强。这些婴儿在哭闹时听到胎教音乐，可以很快安静下来；若在睡前播放胎教音乐或妈妈哼唱催眠曲，也能很快入睡。

2. 受过胎教的婴儿学习兴趣高，喜欢听儿歌、故事，喜欢看书，不少孩子在还不会说话时，就拿书要妈妈教，其学习汉字的能力惊人。这些婴儿智力得到超常发展，容易接受新的知识。同时，受过胎教的婴儿的记忆力比同年龄的婴儿的记忆力好，记忆的速度也较快。

3. 受过胎教的婴儿情绪稳定、易安慰，适应环境的能力强，很少无故哭闹，容易养成良好的生活习惯，这能使父母得到较为充分的休息。

4. 受过胎教的婴儿眼睛明亮，视听及注意能力强。

5. 受过胎教的婴儿开始说话的时间较早，语言能力较强，在出生5～6个月时便可以发出声音，表达思想，让妈妈明白宝宝是饿了还是要大小便，使妈妈照料起来更方便。

6. 受过胎教的婴儿性格活泼，喜欢与他人接触，与未受过胎教的婴儿相比，较早学会笑，能较快理解别人的表情和语言，并通过姿势的改变，表现出与他人的互动。

7. 受过胎教的婴儿运动与感觉系统发育较早，吸吮手指的能力、手的握力及四肢运动的能力强，动作协调性好，扶起坐立时颈部肌肉张力较好。

总之，受过胎教的婴儿各方面能力都比较强。因此，只要认真努力地实施胎教，一定可以全面开发婴儿的智力。但是要注意：胎宝宝出生后必须继续跟进“胎儿教育”，才能巩固成果。

胎教可以让胎宝宝变得更漂亮

科学研究显示，如果准妈妈在孕期经常看漂亮宝宝的照片或想象宝宝的样子，并进行艺术赏析类胎教可以让宝宝变得更漂亮。

这是因为准妈妈与胎宝宝在心理及生理上有各种联结，当准妈妈在欣赏美的事物时，心情会随之变得更好，这种情绪会渗透到胎宝宝的身心之中，使胎宝宝面部构造及皮肤发育得更好。另外，准妈妈的情绪越好，就越能分泌出大量的良性激素，这对胎宝宝的成长发育也有很大的好处。

真正的胎教不止讲故事

情绪胎教

情绪胎教是指通过对准妈妈的情绪进行调节，排除一些对胎宝宝不好的负面情绪，让准妈妈忘掉烦恼和忧虑，创造出清新的氛围及平和的心境，通过准妈妈的神经递质作用，促进胎宝宝大脑的发育。

情绪胎教的作用

现代医学研究表明，情绪与全身各器官功能的变化直接相关。

不良的情绪会扰乱神经系统，导致准妈妈出现内分泌紊乱，进而影响胎宝宝的正常发育，甚至还有可能造成胎宝宝畸形。针对准妈妈的情绪是否真的会影响胎宝宝的发育这一问题，科学家们做了一系列实验及调查。结果表明：

如果准妈妈在孕早期长时间处于不良情绪中，比如紧张、恐惧等，会提高流产的概率，特别是习惯性流产。

如果准妈妈有沮丧、忧郁的情绪而不加以治疗，可以观察到胎宝宝出生后对外界的刺激反应会减少。

在怀孕7～10周时，准妈妈若情绪极度不安，胎宝宝发生唇裂或腭裂的概率就会增加。如果准妈妈过度焦虑，会增加胎宝宝神经发育异常的风险，使胎宝宝在未来的成长中更容易出现情绪和行为方面的问题。

有关专家还认为，儿童的情绪、行为和动作方面的问题与怀孕时期准妈妈是否过度焦虑有很大关系。焦虑程度越高的准妈妈所生下的孩子，日后出现情绪和行为问题的概率就越高，是正常人的2～3倍。

情绪胎教的要点

调整心态。妊娠反应是孕期正常的生理反应，但会给准妈妈平添许多烦恼。准妈妈在面对这些反应的时候，必须及时调整心态，否则很容易影响心情，并产生烦躁、易怒等不良情绪，情绪大幅度波动还会在一定程度上加重妊娠反应，这些不良情绪对胎宝宝的健康和先天性格的形成都有很大的影响。

克服忧虑。很多准妈妈都会容易焦虑，她们常常担心自己和胎宝宝的健康，也会因此而浮想联翩，特别是身患疾病的准妈妈，她们常担心胎宝宝会受到自己身体或服药的影响而发育不良。其实准妈妈不必忧虑，只要按时进行产检，服药时遵从医嘱，胎宝宝就能健康发育。

消除疑虑。有些准妈妈认为胎教只是“隔着肚皮说话”，不会起到任何作用，因而对胎教的作用产生怀疑，从而打断了胎教的连续性。这种想法是错误的，不仅容易引起疑虑、烦躁、焦急等不良情绪，还会影响到胎宝宝的发育。

分娩前避免恐惧。恐惧是临产前最容易出现的一种心态。许多人认为分娩是一道生死大关。但事实上，随着医疗技术的提高，因难产致死的概率越来越低，准妈妈完全可以相信医生，相信科学技术，即使发生了意外，也能够采取及时的医疗措施保证母婴安全。因此，准妈妈不要因为分娩而过分紧张、恐惧，应以坦然、平静的心态去面对分娩。

情绪胎教的注意事项

准爸爸应担当起照料准妈妈的重任。如果调理得当，能帮准妈妈愉快地度过令人难受的孕早期；相反，则很有可能加重妊娠反应，导致准妈妈出现不良情绪，从而影响准妈妈及胎宝宝的健康。

准爸爸要保护准妈妈的安全，义不容辞地承担起照顾准妈妈的重任。准妈妈出门的时候，准爸爸应陪伴其身边，照顾她的出行，避免其腹部遭受碰撞。准妈妈在家的时候，准爸爸应给她创造最安静、舒适、温馨的家庭环境，这对缓解准妈妈的身体不适与不良情绪十分有益。准爸爸不要因工作忙而忽视准妈妈的感受，要做好开导准妈妈的工作。对于妊娠期间准妈妈的不良精神状态，准爸爸的适当引导和开导是必不可少的。

营养胎教

营养胎教是根据孕早期、孕中期、孕晚期3个时期的胎宝宝的发育特点，合理地指导准妈妈摄取食物中的各种营养素，以食补、食疗的方法来缓解孕期的不适并保证胎宝宝的营养。

营养胎教的作用

为母婴补充营养。从一个重1.5微克的受精卵，到出生时3000～4000克的婴儿，这个成长发育的过程全依赖于母体供应的营养。胎宝宝为了完成自身的发育会吸收准妈妈体内储存的营养，这时准妈妈如果不及时摄取、补充营养，久而久之，就会造成准妈妈营养不良，从而出现多种不良症状。因此准妈妈要注意均衡补充营养，以供自身及胎宝宝的营养所需，避免出现营养不良等问题。

为分娩储备能量。准妈妈及时补充营养，能为分娩储存力量，分娩时，准妈妈才能更有力气将胎宝宝分娩出。

为产后哺乳打好基础。产后母乳的多少与喂养方式和孕期营养补充有直接关系，为了能让胎宝宝吃到营养丰富且充足的母乳，准妈妈一定要注意正确补充营养。

营养胎教的要点

孕早期的营养胎教：孕早期即怀孕初始至怀孕12周，在此期间胎宝宝的各器官正处于分化形成阶段，胎宝宝的成长速度不显著，生长所需的热量和营养物质较少，因此不用急于补充太多的特殊营养成分。但由于这一阶段的准妈妈受妊娠反应的影响，食欲往往不好，容易恶心、呕吐等，影响正常进食，建议本阶段的准妈妈少食多餐、重质不重量，以吃高蛋白、少油腻、易消化和吸收的食物为主。

孕中晚期的营养胎教：从孕中期开始，胎宝宝迅速成长，准妈妈身体代谢的速度加快，对营养成分的需求量较孕早期要多很多。所以孕中期和孕晚期的准妈妈需要补充丰富的营养，如蛋白质、维生素、碳水化合物、矿物质等，多吃一些蛋类、奶类、肉类、五谷杂粮、蔬菜及水果，以保证胎宝宝的正常发育。

营养胎教的注意事项

准妈妈应合理、科学地补充营养，多吃营养含量高的食物，但需注意体重的增长，适当地调整饮食。

准妈妈不可随意服用保健品。首先要考虑准妈妈自身是否需要进补，千万不要盲目地听从销售员的花言巧语，更不要被那些诱人的广告所蒙蔽。许多保健品的功效并不会比食物好，有些保健品甚至根本不适合准妈妈服用。所以，在购买保健品前最好先咨询一下医生。

准妈妈不要只吃菜、不吃主食。米、面等主食是能量的主要来源，孕中期和孕晚期的准妈妈一天应保证摄入400～500克的米、面及其制品，才能满足身体对热量的需求。

不要以保健品代替食品。为了加强营养，一些准妈妈每天要补充很多保健品，诸如蛋白粉、复合维生素片、钙片、铁剂、孕妇奶粉等。补充了这些保健品后，一些准妈妈认为自己每日所需的营养已经足够了，一日三餐不必刻意规划，吃些自己喜欢的普通食物就可以了，其实这样做反而对身体不利。因为保健品大都是强化某种营养素或改善某一种功能的产品，单纯使用并不能达到均衡补充营养的目的。

准妈妈要适当饮食。有些准妈妈在得知怀孕以后便开始加大饭量，希望借此来满足胎宝宝的营养需要。其实，准妈妈即使进食量加倍，也不等于胎宝宝可以将准妈妈多吃的那部分营养全部吸收。所以，准妈妈要适量进食，这样才能保证自身及胎宝宝的健康。

准妈妈在孕期加强营养是必需的，但营养摄入绝非多多益善。营养摄入过量会加重身体的负担，并且囤积在体内形成脂肪，导致孕期肥胖和冠心病的发生率增高。另外，体重过重还会增加准妈妈参加体育锻炼的难度，导致抵抗力下降，还有可能导致难产。

环境胎教

环境胎教是指准妈妈从备孕到宝宝诞生这一段时间，将生活环境调整至最佳状态，以利于养胎、优生。良好的环境基础与胎宝宝的健康发育有着非常密切的联系。胎宝宝的生长环境分为内环境和外环境。内环境是指母体的子宫腔及准妈妈的健康状况。外环境是指放射线、噪声、污染源等所构成的大环境。优良的内、外环境对胎宝宝的生长发育十分有利。

环境胎教的作用

随着社会经济的高速发展和商业化进程的加快，环境污染逐渐成为严重危害人类健康、降低人类生活质量的一个重要因素。而环境污染作为影响胎宝宝的胎外环境因素的一部分，对于正在母体中生长、发育的胎宝宝所造成的伤害更是难以弥补的，所以准妈妈应给予高度重视，以免造成无法弥补的遗憾。

在受孕后最初的数周时间内，胎宝宝正处于器官分化阶段，此时是胎宝宝最容易受到侵害的高敏感时期。这一时期的胎宝宝发育最快，但也最为脆弱。由于胎宝宝各方面均未发育成熟，且不具备抵抗外界侵害的能力，若遭受不良环境因素的刺激，很容易发生畸形或死胎的情况。因此，准妈妈应重视环境胎教对胎宝宝的健康是十分重要的，特别是在妊娠早期，准妈妈应对自己的胎宝宝加倍呵护。准妈妈处于安静、洁净的优良环境中，是保证胎宝宝健康发育的前提条件，也是做好环境胎教的一个重要环节。

环境胎教的要点

孕前保证精子和卵子的质量。精子质量与精子是否发育成熟、精子是否健全及精子是否具有较强的活力有关。精子是否健全与准爸爸的生活习惯以及是否受过有害物质损害等因素有关。因此，要保证精子的质量，准爸爸首先应避免与有害物质接触，远离环境污染，尽量戒除烟酒，更应积极、有效地治疗生殖器疾病。而卵子质量主要取决于准妈妈的卵巢和输卵管的健康情况。如果卵巢发生病变，就会妨碍卵子的发育和传输。同时，某些环境因素对卵子也会产生一定的不良影响，甚至还可能导致卵子发育异常或出现突变等。由此看来，孕前保证良好的精子和卵子的质量，也是做好环境胎教的一个重要方面。

让胎宝宝远离生活污染。严重的环境污染和生活污染，时刻威胁着人类的健康和胎宝宝的正常生长发育。生活污染涉及的范围非常广泛，它不仅存在于电视、空调、电脑、音响、冰箱、微波炉、手机等人们常用的电器和工具中，还包括噪声污染、病菌污染等多方面因素。在妊娠期，准妈妈应远离这些生活污染。

创造和谐的家庭氛围。在良好的家庭氛围中，准妈妈感受到的是温馨，而腹中的胎宝宝也能够在温馨的家庭中获得身心上的良好发育。良好的家庭氛围需要夫妻双方共同维护，双方应在互爱、互敬、互助、互谅、互勉的基础上，共同抚育宝宝。

优化家居环境。良好的家庭环境是保证准妈妈身心健康、促进胎宝宝健康发育的重要条件。良好的家庭环境不仅依赖于温馨、优美、整洁的家居装饰，更需要夫妻之间相互理解、相互关爱，这对准妈妈和胎宝宝的身心健康都是非常有益的。

环境胎教的注意事项

远离高氟污染。氟元素是一种有助于人体骨骼发育的微量元素，但是过量摄取会对人体造成较大的危害。过量摄取氟元素，会使氟元素积蓄于人体的骨骼和牙齿中，导致骨质代谢受到抑制，发生牙齿钙化。如果母体含氟量较高，氟元素会通过胎盘传输给胎宝宝，严重的会导致胎宝宝先天性氟中毒。因此，准妈妈应尽量远离氟污染，最大程度减少胎宝宝对氟元素的摄取。

避免接触X射线。X射线对母体中的胎宝宝具有很大的伤害，尤其是胎宝宝在母体中最初的3个月。此时正是胚胎器官形成的晚期，若准妈妈在此时受到X射线的放射作用，很容易导致胎宝宝的器官畸形，同时还会增加流产和死胎的发生率。妊娠中期和晚期，照射放射线同样可能导致宝宝出生后畸形。因此，准妈妈在妊娠期间应尽量避免接受X射线检查。

运动胎教

有人将运动胎教称为体育胎教，是指准妈妈通过适量的体育锻炼来保障母婴身体健康、促进顺利分娩的一种胎教方法。准妈妈不仅可以自己进行运动胎教，也可以让准爸爸陪同一起运动，这样做不但可以达到胎教的目的，还可以增进夫妻间的感情。

运动胎教的作用

运动胎教对胎宝宝也有着非常重要的作用。要知道，当胎宝宝成长到第7周的时候就已经开始自发地运动了。胎宝宝早期的运动主要表现为眯眼睛、吞咽、抿嘴、搓手、握拳等。随着胎宝宝继续长大，其运动方式会逐渐增多，会出现上抬手臂、蹬腿、转身、翻跟头等自发性运动。一般当胎宝宝成长到第18周的时候，准妈妈就能够非常明显地感觉到胎宝宝在腹中的运动了。我们可以通过对胎动的观察来了解胎宝宝的健康状况，可以从胎动的强弱和频率来判断胎宝宝在母体内的健康状况。

科学家曾对胎动强的准妈妈和胎动弱的准妈妈进行观察，发现在宫内活动性强的宝宝出生后其动作的协调性和反应的灵敏度上均优于出生前胎动弱的宝宝。凡是在母体内受过运动训练的胎宝宝，出生后翻身、爬行、坐立、行走等动作都明显早于一般的宝宝。因此，对胎宝宝进行运动训练确实是一种积极有效的胎教手段。

促进准妈妈身心健康的运动胎教能令准妈妈健康地孕育宝宝，因为运动能够调节人体内分泌系统和血液循环系统的功能，增强心脏和肺部功能，改善消化功能和代谢功能。同时，运动还能够促进腰部和下肢的血液循环，有效改善准妈妈腰腿酸痛、下肢水肿等妊娠反应。运动胎教还有助于准妈妈腹肌、腰背肌、骨盆肌肉力量和弹性的增强，这不仅能够有效地缩短分娩时间、预防产道损伤和产后出血，还能够预防由腹壁肌肉松弛导致的胎位异常或难产。

另外，运动胎教对准妈妈的心理健康也有很大帮助。它能令准妈妈的心情愉悦，使准妈妈乐观、平静地度过孕期。准妈妈如果能长期坚持锻炼，还能增强毅力，这对正处于妊娠时期心理较为脆弱的女性来讲有非常好的调节作用，同时也能帮助准妈妈克服妊娠所带来的不良反应。

运动胎教的要点

孕早期，胎宝宝尚未稳定“安家”，而且准妈妈受妊娠反应的影响容易呕吐，体力较差，这时进行比较舒缓的运动是最佳选择。到了孕中期，准妈妈孕吐多半已经减缓，而且身体状况不错，胎宝宝也更加稳定了。此时运动幅度可以稍微大一些，如练习孕期体操、瑜伽等，孕前有游泳爱好的准妈妈此时也可以继续游泳。到了孕晚期，准妈妈进行运动时就要小心一点了，因为不当的运动可能导致早产。

运动胎教的注意事项

控制运动幅度。准妈妈的运动量以不感觉疲劳为原则，不要进行剧烈的活动，也不要从事繁重的家务劳动，如搬重物、爬上爬下地打扫卫生，这些活动对于准妈妈来说都是相当危险的。

另外，准妈妈不宜长时间做弯腰、下蹲的动作，因为这很可能导致腹部或盆腔充血。准妈妈也不宜长时间站立，否则会出现腰酸背痛的现象。对于有过流产史的准妈妈，运动时更应保护好自己。

准妈妈感觉身体不舒服时应立即停止运动。孕早期，如果妊娠反应比较严重，准妈妈应适当减少工作量和运动量，保证充分的休息。孕晚期，准妈妈在运动过程中如出现不适症状必须及时到医院检查。另外，有习惯性流产的准妈妈则更应注意运动量，要注意休息，并在医生的指导和帮助下进行运动和工作，以保证孕期安全。

忌碰撞腹部。准妈妈身体上最重要的部位就是腹部，那里是孕育胎宝宝的关键部位，平时要特别注意保护，一旦腹部受伤，后果将不堪设想。因此，准妈妈无论是进行体育锻炼，还是做家务劳动，都应时刻注意保护自己的腹部。

抚摸胎教

抚摸胎教是指准妈妈有意识、有规律、有计划地抚摸胎宝宝，以促进胎宝宝的感觉系统发育。

抚摸胎教的作用

科学研究发现，抚摸胎教能增强胎宝宝接受外界感应的敏感性。从胚胎发育来看，皮肤与神经系统同起源于外胚层，胎宝宝的皮肤在发育的同时神经系统也在发育。如果给胎宝宝以良好的抚摸刺激，那么胎宝宝的神经系统也会受到良好的刺激，能促使胎宝宝的心理健康发育。

抚摸胎教的要点

准妈妈用双手轻轻抚摸腹部，并集中注意力将母爱传递给胎宝宝，等待胎宝宝做出反应。这种单纯性的抚摸胎教，准妈妈可以根据胎宝宝的反应决定胎教时间的长短。还有一种抚摸胎教的方式叫触压式抚摸胎教，是指当感受到胎动时，准妈妈用手指轻轻触压胎动部位，以达到刺激胎宝宝的目的。

抚摸胎教的注意事项

动作轻柔。准妈妈无论用哪种抚摸胎教的方式，动作一定要轻柔，以免用力过度引发意外。恰当掌握抚摸的时间及频率。其实，抚摸的时间及频率并不是越多越好，过多的抚摸会使胎宝宝感觉很累，甚至会损伤胎宝宝。

腹壁变硬时不要进行抚摸胎教。有的准妈妈在怀孕中后期经常有一阵阵的腹壁变硬，这可能是不规则宫缩，此时不能进行抚摸胎教，以免导致早产。

注意胎宝宝的反应。抚摸胎教可以安排在妊娠20周后，每晚临睡前进行，并注意胎宝宝的反应类型和反应速度。如果胎宝宝不喜欢抚摸的刺激，就会以用力挣脱或者蹬腿作为回应。这时，准妈妈应该停止抚摸。如果胎宝宝受到抚摸后，过了一会儿，才以轻轻地蠕动做出反应，这种情况可以继续抚摸。

光照胎教

所谓的光照胎教就是指给尚在腹中的胎宝宝以适当的光亮刺激，以促进胎宝宝视网膜光感细胞的功能尽早完善。

光照胎教的作用

从妊娠6个月起，胎宝宝对光照开始有反应。光照胎教通过视神经刺激大脑视觉中枢，促进胎宝宝视觉功能的建立和发育。光照胎教成功的胎宝宝出生后视觉敏锐，协调力、专注力、记忆力也比较好。所以，在胎教中不可忽视光照胎教这种方式。

光照胎教的要点

准妈妈到室外活动也是光照胎教的一种方式。夏季准妈妈可让腹部直接接受光照，这样胎宝宝也会受到光的刺激，从而达到光照胎教的目的。

用手电筒照射腹壁。准妈妈可每天定时用手电筒微光近距离照射腹壁，反复开启、关闭手电筒，一闪一灭照射胎宝宝的头部位置，每次持续5分钟，注意不要用强光照射，时间也不宜过长。这样有利于胎宝宝视觉功能的健康发育。

光照胎教的注意事项

光照胎教开始的时间不宜过早。在胎宝宝的感觉功能中，视觉功能比听觉及触觉功能发育得晚，在妊娠7个月时，胎宝宝的视网膜才具有感光功能，对光才有反应。光照胎教可以在准妈妈怀孕6个月以后开始。

光照胎教要配合胎宝宝的作息时间进行：不要在胎宝宝睡觉时进行，以免打乱胎宝宝的生物钟；要在胎动明显时，即胎宝宝醒着的时候进行。准妈妈经过这么长时间和胎宝宝的相处，应基本知道胎宝宝的作息规律。当然也有作息不太规律的胎宝宝，这就需要准妈妈细心观察胎宝宝的情况了。

语言胎教

语言胎教是指准妈妈和准爸爸通过与胎宝宝进行语言沟通来促进准父母与胎宝宝间的感情，提高胎宝宝语言、智力的发育，使胎宝宝出生后在语言及智力方面更加优秀。

语言胎教的作用

增进准父母与胎宝宝之间的感情。与胎宝宝进行亲密的语言沟通不仅能增进准父母与胎宝宝之间的感情，还能使胎宝宝通过对准父母声音的习惯而形成对准父母的依赖感和亲近感。经常与胎宝宝沟通的准妈妈能够明显感觉到胎宝宝出生后对自己的依赖，而且其智力、语言能力的发育和性格的发展也比没受过语言胎教的宝宝强。

促进胎宝宝的大脑发育。研究显示，人类大脑皮质特别发达，有别于其他动物。大脑皮质是用来学习知识和进行精神活动的，人的大脑可储存1000万亿个信息单位。准爸爸、准妈妈或其他家人给胎宝宝进行语言胎教，是一种积极有效的教育手段，可以刺激胎宝宝大脑皮质充分发挥作用，为后天的学习打下基础，使宝宝变得更聪明。

语言胎教的要点

准父母可以经常使用日常语言和胎宝宝聊天。语言胎教应在准妈妈情绪轻松愉快的情况下进行，并以亲切和蔼的语调进行，准妈妈可选择把自己对周围事物的感受告诉胎宝宝，这是与胎宝宝进行最直接的爱的交流。语言胎教的题材很多，准父母可将科普知识作为话题，也可与数胎动频率结合进行交流，还可由准爸爸拟定语言环境的常规内容进行讲述。例如：准妈妈早上起床后，可以似喃喃自语地和胎宝宝说："宝宝，早上好。太阳出来了。昨天晚上睡得好吗？"等。在对话过程中，胎宝宝能够通过听觉和触觉系统感受到来自准父母亲切的呼唤，增进彼此生理上的沟通和感情上的联系，这对胎宝宝的身心发育是很有益的。

语言胎教的注意事项

随时关注胎宝宝的反应。进行语言胎教时，准妈妈及准爸爸应该随时观察胎宝宝的特殊反应，如果在讲述某件趣闻时，胎宝宝有柔和的胎动，说明胎宝宝对所谈话题比较感兴趣，准妈妈或准爸爸可以继续讲下去，可适当地延长胎教时间。所以，准妈妈及准爸爸需每天选择不同的事情、不同的故事讲给胎宝宝听，这样就能够慢慢了解胎宝宝到底对哪类故事感兴趣，是否喜欢准爸爸或准妈妈的声音等一系列信息，为以后胎教的顺利进行打好基础。

将声音与情感结合起来进行。虽然胎宝宝不可能理解准妈妈或准爸爸的讲话内容，但能在听到声音后做出反应：对温柔、形象、充满爱的语言，会做出良性反应；对嘈杂、争吵、肮脏的语言，会做出强烈的抵抗动作。准妈妈及准爸爸可以根据这一点，将声音与情感结合起来，给胎宝宝做胎教。

忌对胎宝宝肆意而谈。良好的语言胎教对胎宝宝具有良好的影响，反之，恶劣的语言环境就会对胎宝宝造成负面影响。所以准妈妈及准爸爸千万不要认为胎宝宝是个无知的小生命，并在胎宝宝尚未出生时肆意而谈，不顾及胎宝宝的感受。

忌三心二意。准妈妈及准爸爸对胎宝宝讲话时千万不能三心二意，必须集中精力，否则对胎宝宝的理解力、听力及想象力的培养都是没有好处的。

语言胎教要持之以恒。语言胎教是一项长期工作，需要经日常生活中的日积月累，才能使胎宝宝增加对准父母的依赖和对语言的感受能力。因此，在胎教的过程中，准妈妈和准爸爸要做好心理准备，一定要有耐心，坚持每天进行胎教。

美育胎教

美育胎教是指根据胎宝宝意识的存在，准妈妈通过自己对美的事物的感受，而将美的意识传递给胎宝宝的胎教方法。美育胎教也是胎教学的一个组成部分，它包括自然美育、感受美育等方面。

美育胎教的作用

美育胎教运用审美心理学的知识，强调胎教中准妈妈的审美感知、审美情感、审美想象、审美理解，从而达到优化和加强胎宝宝心理素质的目的，为提高胎宝宝出生后对美的感知能力奠定基础。

美育胎教的要点

带胎宝宝感受大自然。准妈妈经常欣赏大自然中美丽的景色，然后将对大自然的热爱之情经过“提炼”传递给胎宝宝，就能促进胎宝宝神经系统的发育，使胎宝宝也能得到大自然美丽景色的熏陶。同时，准妈妈经常走进大自然，呼吸新鲜空气，也有利于胎宝宝的大脑发育。

培养准妈妈自身气质。准妈妈应该注意提高自身修养，注意个人言行举止，不仅要精神焕发、穿着整洁、举止得体，还要适当丰富自己的精神生活，陶冶情操。胎宝宝在准妈妈得体的举止中，也会受到熏陶，对出生乃至今后的成长都有正面影响。

美育胎教的注意事项

进行美育胎教时，准妈妈应尽可能欣赏一些美的东西，例如，美丽的大自然、动听的音乐等，这样能使胎教发挥积极的作用。

准妈妈在日常生活中不要随意而行，无论做什么、说什么都要随时想到腹中的胎宝宝，言行举止必须有一定的约束，以免将不良的行为习惯传递给胎宝宝。

音乐胎教

音乐胎教就是指通过对胎宝宝传输优良的音乐声波，促使其脑神经元轴突、树突及突触的发育，为优化后天的智力及发展音乐天赋打下基础。

音乐胎教的作用

有益母婴健康。音乐胎教的主要作用是要让准妈妈感受到平静与愉悦，并通过神经系统将此情绪传递给腹中的胎宝宝，使其深受感染，潜意识能记住和谐、美好的信息。给胎宝宝“听”音乐，并给予其适当的良性刺激，会使胎宝宝的心率随着音乐的节律变化而变化。经过音乐胎教训练过的婴儿反应快，语言能力强，动作协调、敏捷。

心理学家认为，音乐能渗入人们的心灵，会激起人们无意识的超境界幻觉，能唤起平时被抑制的记忆。常听音乐的胎宝宝长大后情感丰富，更富有想象力和创造力。生理学家则认为，优美、健康的音乐能促进准妈妈分泌出一些有益于健康的激素、酶和乙酰胆碱等物质，起到调节血液流量和使神经细胞兴奋的作用，从而改善胎盘的供血状况，使胎宝宝更健康地成长。

开发胎宝宝的智力。音乐胎教的理论是以假设胎宝宝能感知声音为前提，主要强调通过对胎宝宝施以适当的音乐刺激，促使其脑部神经的发育，甚至反复用相同的声音刺激，在胎宝宝大脑中形成粗浅的记忆。人的大脑半球有明确的分工，左半球的功能是语言、计算、理解等，主管逻辑思维；右半球是“情感半球”，主要功能是空间位置关系、艺术活动等，主管形象思维。据统计，绝大多数人的左脑比右脑发达，因此在胎宝宝出生前加强右脑开发就显得格外重要。音乐的感受是由大脑右半球主管的，越早实施音乐胎教来强化训练胎宝宝的右脑，就越能增强其形象思维能力，让胎宝宝左右脑的发育水平达到平衡，使孩子更聪明、更具才智。

音乐胎教的几种方法

音乐胎教的目的是使准妈妈的情绪愉悦、平静，因此在选择音乐时，准妈妈可选择自己喜欢的、轻松舒缓的音乐，以缓解不良情绪。

等胎宝宝20周后，可适当让胎宝宝“自己听”一些音乐。英国科学家最新研究发现，胎宝宝在20周时就已具备了初步发育的听力，而不是人们通常认为的妊娠26周时。这项研究还发现，新生儿能记住在胎宝宝时期所听到的乐曲。

准妈妈也可以通过自唱的方法，对胎宝宝进行音乐胎教。这是一种互动方式，胎宝宝会喜欢的。

音乐胎教的注意事项

选择专业的胎教音乐。给胎宝宝听的音乐必须是经过特殊选择的，声调不要太过尖锐刺耳，最好高、中、低音均衡，除了要选择经过特殊处理的音乐外，准妈妈应距离扩音器最少1.5米，尽量避免将声音开得很大的耳机直接放在腹部。胎教音乐的节奏要求平缓、流畅，最好选择不带歌词的音乐。自然界中大海的波涛、潺潺的溪流、微风轻吹的声音等，及一些鼓乐、经典名曲等，听到这类声音能使人心情舒畅。

控制好音量。胎教的音乐音量宜在60分贝左右，如果把耳机直接放在腹部上，音量大小要特别注意。准妈妈可以把手掌放在耳朵与耳机中间，然后调到适中的音量，这时听到的音量大小一般约为60分贝，相当于胎宝宝在腹内听到的声音强度。

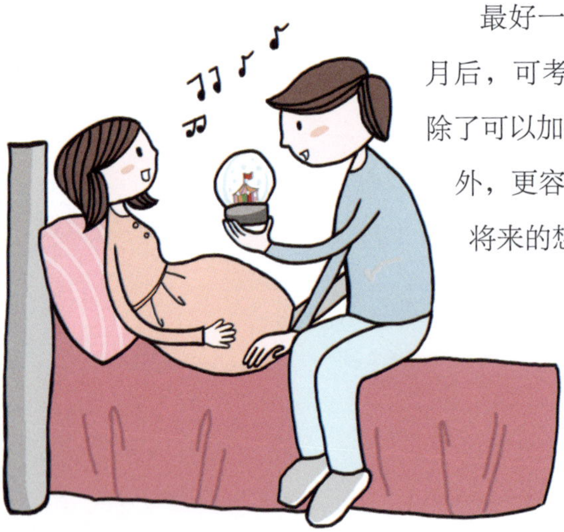

最好一首单曲重复播放。准妈妈怀孕8个月后，可考虑重复播放1～2首固定的乐曲，除了可以加深胎宝宝对这几首乐曲的潜在记忆外，更容易培养孩子的音乐天赋，开发孩子将来的想象力。

不要让胎宝宝长时间听音乐。虽然音乐胎教益处很多，但是也需要把握一个度，准妈妈给胎宝宝听音乐的时间每次不宜超过30分钟，每天1～2次最好。

胎教，扫清误区再开始

胎教不是为了塑造“神童”

胎教是为了使宝宝通过训练提高综合素质，而不是为了培养天才、神童。胎教的主要目的是让胎宝宝的大脑、神经系统及各种感觉器官、运动器官发育得更健全、更完善，为宝宝出生后接受各种教育、训练打好基础，使宝宝对未来的自然环境与社会环境具有更强的适应能力。

胎教应适度进行

胎教要注意科学、适度。有的妈妈反映宝宝经过音乐胎教后，虽然聪明活泼，但精力过盛，不爱睡觉。当专家问起具体胎教方法后，才知准妈妈孕期工作较忙，又不愿放弃胎教，每天一有时间便将胎教器置于腹部。有时准妈妈因疲劳很快入睡，而胎教器仍在不断地刺激胎宝宝，这有可能干扰了胎宝宝的生物钟，因此出现胎宝宝出生后精力过盛的现象。所以，胎教应该适度进行。

不要盲目选择胎教方案

准父母面对如何选择胎教方案时常感到困惑——种类繁多的“胎教方案”不断描述着照此法培养出的孩子如何“超常”、“早慧”。年轻的父母们大多不甘心让自己的孩子落伍，纷纷解囊参加培训或购买“胎教方案”。

其实这些“胎教方案”中有的只是打着“科学”或者“专家”的旗号在误导人们，有的指导思想就是遗传决定论，有的明显违背胎宝宝成长的自然过程。因此，建议新手父母不要太过焦虑，应从正规的专业单位及渠道学习一些有关育儿方面的知识，包括孕期女性心理、儿童心理、教育学及胎教、早教等相关知识。在对待选择胎教方案这一问题上，准父母一定要保持冷静的头脑，善于识别和选择适合自己的方法，不要盲从。

以平和的心态进行胎教

胎教对胎宝宝的心智影响已被越来越多的人接受，音乐、运动、语言、抚摸、情绪以及营养和疾病预防等都属于胎教的范围，只有重视孕期保健的每一个细节，才能孕育出一个健康聪明的孩子。但是，提醒准父母在进行胎教时，一定要拥有良好的心态，不要把胎教当成任务来完成，否则不仅使自己心情紧张、压力大增，还有可能影响胎教效果。因为当准妈妈的情绪经常处于紧张状态时，其血液中的肾上腺素含量就会升高，导致血管收缩、血压升高、胎盘供血减少，从而造成胎宝宝宫内缺氧，影响胎宝宝的发育生长。

胎教从孕前3个月开始准备最合适

胎教应该从怀孕前的3个月就开始准备。受孕是精子和卵子的结合，新生命在精子、卵子结合的那一刻宣告诞生，而精子和卵子的发育和成熟在此之前就已经开始。科学研究显示，精子从细胞分裂至成熟大概需要90天。那么，要使精子质量最佳，孕育出健康的后代，就必须提前做好准备。此外，女性子宫内的温度、压力决定着胎宝宝生长的环境，良好的环境也需要提前创造。俗话说：“好的开始等于成功的一半。”当然，这并不是说其他时期的胎教不重要，事实上，产前各个时期的胎教都有不可忽视的作用。

Chapter 05 准爸爸胎教必不可少

和准妈妈一起制订胎教计划

在确定妻子怀孕后，准爸爸就要和准妈妈一起制订具体的胎教计划，安排好胎教时间，学习胎教知识，写好胎教日记。在日常生活中，准爸爸还要从具体事情上帮助准妈妈进行胎教，比如，要鼓励准妈妈加强学习，让准妈妈多听音乐、多看书，特别在妊娠后期，还应与准妈妈一起看看儿童读物。

协助准妈妈“养胎”

吸烟的准爸爸应该禁烟，为家庭创造一个洁净的空气环境。妊娠期，准妈妈腹部逐渐膨大，行动不便，一旦操劳过度或剧烈运动，会使胎宝宝躁动不安，甚至导致流产或早产。准爸爸要自觉地多分担家务劳动，不要让准妈妈干重活，要让她有充分的睡眠和休息时间。在乘车、逛商店时，准爸爸要有意识地保护准妈妈，避免其腹部直接受到冲撞和挤压。

体贴的准爸爸可以让胎宝宝更健康。只有让准妈妈平安快乐地度过妊娠期，才是胎教的基本保证。所以，在准妈妈的怀孕期间，准爸爸要“帮助怀孕”，这也是一种有意义的胎教。准爸爸的主要工作有以下几项：

听胎心音：让准妈妈仰卧在床上，两腿伸直，准爸爸直接用耳朵或通过将木听筒贴在准妈妈腹壁上听胎心音。正常胎宝宝的胎心音的声响为“嘀嗒、嘀嗒”的跳动，一般每分钟120～160次。胎心音过快、过慢或不规则，都属于不正常现象。

数胎动：让准妈妈仰卧或取左侧卧位，准爸爸将两手掌放在准妈妈的腹壁上，可感觉到胎宝宝有伸手、蹬腿等活动，即胎动。胎动一般在怀孕4个月时开始出现，怀孕7～8个月时较明显。一天有两个高峰，一个在晚上7时至9时，一个是午夜11时至凌晨1时，早晨胎动最少。胎动是胎宝宝健康状况的晴雨表，正常的胎动数为平均每小时不低于3次，过多或过少都是异常现象。

量宫底：准妈妈排尿后，取仰卧位，两腿屈曲，准爸爸用卷尺测量准妈妈耻骨联合上沿至子宫底的距离。从怀孕20周开始，每周测量1次，一般每周增加1厘米为正常。到怀孕36周时，由于胎宝宝胎头入盆，宫底上升速度会减慢或略有下降。宫底升高的速度，反映了胎宝宝生长和羊水等情况，如宫底升高速度过快或过慢时，准妈妈应注意，必要时去医院检查。

称体重：从准妈妈怀孕28周开始，准爸爸要提醒准妈妈每周测量1次体重，一般来说，体重每周增加500克为正常。若准妈妈体重增加过快或不增加，都是不正常的表现，准爸爸应带准妈妈到医院检查，找出原因。

主动节制性生活

准爸爸还需要注意，妊娠初期和后期，夫妻同房易引起流产、早产或阴道感染，尤其在产前1个月，若性生活频繁，可引起胎膜早破、胎儿呼吸困难和新生儿黄疸等。准妈妈在妊娠期间对性生活的要求多半不高，因而克制性生活的主要责任就落在了准爸爸身上。对于准爸爸而言，应认识到性生活不等于性交，性生活比性交要丰富，性交只是性生活的一种方式。温柔的拥抱、亲热的触摸，也是很美妙的。

PART 2
你准备好开始胎教了吗

孕1月

准妈妈健康课堂：宝宝还在“史前期”

精子与卵子的相遇

终于受精了

卵子与精子在准妈妈体内完成受精成受精卵，受精卵最初只有0.2毫米左右大小，一般受精卵在受精后7～11日着床，从此开始妊娠的全过程。受精卵着床后开始分裂，发育成胚胎，此时的胚胎还不能算真正的胎宝宝。怀孕第3周后期，胚胎的大小刚刚能用肉眼看到，其长度为5～10毫米，重量不足1克。

胎宝宝像只小海马

此时的胎宝宝身体是二等分，头部非常大，占身长的一半。头部直接连着躯体，有长长的尾巴，其形状很像小海马。胳膊和腿大体上已经形成，但因为太小还看不清楚。脑、脊髓等神经系统及血液等循环器官几乎都已出现。心脏从怀孕第8周末开始形成，从第10周左右开始搏动，同时将血液输送到全身各处，肝脏也从这个时期开始明显发育。到妊娠第1个月末，胚胎体积增长了近10000倍，大约已经有10毫米长。这时，准妈妈的血液已在小生命的血管中缓缓流动，胎宝宝的心脏已经形成并开始工作了。

好激动！真的怀孕了

准妈妈基础体温上升了

在受精卵形成的1周之内还不能称为怀孕，这个时期女性身体还没有发现任何症状，直到第2周后，才会出现一点点迹象：诸如发热发寒、慵懒困倦等。即便在妊娠1个月时，准妈妈的妊娠反应还是不明显，对大多数人而言，只有基础体温最能准确传达怀孕的信息。

女性在每天早晨记录体温时，如果发现体温稍稍偏高（37℃左右）持续2周以上，便应该想到，这是有喜讯的征兆。当然，妊娠的征兆因人而异，月经该来而过了数天仍未来，是最明显的特征。有的女性怀孕之后，特别容易感到头晕目眩、发热、腹部下方疼痛或感到不安、易怒，乳房变得很敏感，稍微一碰即痛，这些都是胎宝宝呼叫准妈妈的信号。

高兴的同时还有点紧张

对于从未有过怀孕经验又对新生命充满期待的女性来说，当她终于从医生那里得到明确诊断证明自己已怀孕的消息时，既高兴又紧张的心情是可以理解的。有些准妈妈此时却不知道应该从何处开始了解并养好腹中的胎宝宝，因而增加了无助和求教的心理负担。这期间，准妈妈的体内环境对胎宝宝来说特别重要，准妈妈担心的情绪若不能及时调整则对胎教不利。

一般情况下，当女性得知自己怀孕的时候，往往已经是怀孕的第2个月了。在过去的1个多月的时间里，腹中的小生命已经经历了从无到有、由快速发育到出现轮廓这样一个天翻地覆的变化过程。这期间，准妈妈的内环境对胎宝宝来说特别重要，尤其是准妈妈的心态直接会影响内环境的质量。因此，准备怀孕之前，准妈妈就应该拥有良好的心态，这是十分重要的。

制订全面的胎教计划

准妈妈一旦怀孕，准父母就应根据怀孕早、中、晚期胎宝宝发育的不同生理特点以及准父母自己的特长和愿望，制订胎教计划，分配好准父母各自的“任务”，并开始写胎教日记。其中胎教计划包括选择好胎教方法、安排好胎教时间、准备好胎教教材、设计好胎教日记等几个方面。

选择好胎教方法

胎教方法包括：营养胎教、抚摸胎教、语言胎教、对话胎教、情绪胎教等。胎教方法多种多样，准妈妈可将各种胎教方法交替进行，如早上可先进行抚摸胎教，然后进行语言胎教，晚上再进行对话胎教。

安排好胎教时间

胎教时间最好安排在早上起床后、午睡后、下班后及晚上临睡前。刚开始时，胎教的时间不宜过长，每次控制在10分钟以内。随着准妈妈妊娠月份的增加，胎教的时间可延长至20分钟。

准备好胎教教材

胎教内容可选择国内外经典轻音乐、儿歌、诗文、外语等，要循序渐进。如果准妈妈生活的地方有“胎儿大学”，准妈妈还可按“胎儿大学”的课程安排进行上课。

尝试写胎教日记

准妈妈最好尝试写胎教日记，内容可自行决定。胎教日记的内容一般可包括准妈妈孕期的生理、心理变化，饮食起居及保健情况，胎教的实施及胎宝宝的发育状况等。比如，可记录准妈妈怀孕的时间、孕期身体的变化、产前检查情况、心理状态、饮食起居、患病及用药情况，以及胎宝宝状况和胎教的感想等。

胎教日记主要内容

胎教日记可以重点记录下当月胎教过程中准爸爸和准妈妈遇到的问题和解决的方法，也可以附上检查化验结果数据，以及比较重要和有效的胎教方法。更主要的是记录下胎教的具体实施情况、胎宝宝的反应、准妈妈的感受、实施的效果、令准妈妈感觉最愉快的事情以及胎教内容的自我体会。这些都是准父母孕育生命、体验生命的最细微感受，也是准父母对生命过程最深切的记录。

怎样尽快知道自己怀孕了

有些准妈妈怀孕数月了自己都不知道，仍然保持不良的生活习惯，喝酒、抽烟、随意吃药等，从而对胎宝宝造成不可逆的损伤。在受孕的第1个月，准妈妈不会感觉到新生命的开始，但是，有一些重要的征兆会提醒育龄女性可能怀孕了。

月经过期

备孕的女性如果平时月经周期规律，一旦月经过期，就可能怀孕了。那么，停经几天可以查早孕呢？一般情况下，月经延迟的最长时间是7天，也就是说如果在正常月经时间过了7天以后还没有来月经，就可以查早孕了。对于经期不规律的女性，可以结合正常的月经周期来推算自己的月经推迟了几天。如果月经推迟1个月，怀孕就比较容易确定了。停经是妊娠最早的症状，但不是妊娠的特有症状。

基础体温测定

基础体温测定是查早孕最简单的方法。备孕的女性每天早晨醒后卧床测量体温，这时的体温称为基础体温。一般排卵前体温在36.5℃以下，排卵后由于孕激素升高，作用于体温中枢，使体温上升0.3℃～0.5℃。每天早晨持续记录体温的女性，如果发现高温（37℃左右）持续了2周以上，便应该想到怀孕了。

口味改变

有些女性在月经推迟不久时（1～2周）就会发生口味的改变，有些人突然嗜酸嗜辣，平常喜欢吃的东西突然不爱吃了，吃过一次的食物第二次就不想吃了，而有些人不想吃任何东西，甚至呕吐。发生这些情况，备孕的女性就应该想到自己可能怀孕了。

发生尿频

在怀孕初期，许多女性有尿频的现象，有的女性会每小时1次，但这是一种自然现象，用不着治疗，但要意识到这可能是怀孕的征兆。

乳房胀痛

在怀孕初期，许多女性会感到乳房有轻微的胀痛感，也比往常增大一些，并且变得坚实、沉重，有一种饱满和刺痛的感觉。仔细观察还可发现，乳头周围深黄色乳晕上的小颗粒显得特别突出，这也是怀孕的初期征兆。

精神倦怠

在怀孕初期，许多女性会感到疲乏、嗜睡、精神萎靡，如果排除了自己生病的可能性，就要想到也许是怀孕了。我们建议，有正常性生活的女性，若月经推迟2周以后仍不来潮，就应去医院验小便，以尽早确定是否怀孕。

HCG含量

受精卵着床后滋养层细胞分泌HCG进入血或尿中。通过免疫学方法测定尿或血中的HCG的存在和含量，可以协助诊断早孕。HCG即人绒毛膜促性腺激素，是测定准妈妈是否受孕最常用的妊娠试验激素。完整的HCG全部由胎盘绒毛膜的合体滋养层产生，HCG的主要功能就是刺激黄体，有利于雌激素和黄体酮持续分泌，以促进子宫蜕膜的形成，使胎盘生长成熟。

HCG值在妊娠的前8周上升很快，以维持妊娠。大约在妊娠8周以后，HCG值逐渐下降，到大约20周时相对稳定。通过血液定量检查HCG值，比用早孕试纸定性检测尿液，更灵敏、更准确，其准确率在99%以上。一般正常人血清β-HCG测定值小于3.1国际单位/升，如果超过5国际单位/升就有受孕可能，如果超过10国际单位/升基本可以确定怀孕。怀孕35～50天HCG值可达到或大于2500国际单位/升。

尽早安排好产前检查

产前检查要定期

从发现怀孕起，准妈妈就要树立起定期做产前检查的概念。产前检查是按照胎宝宝发育和准妈妈生理变化特点制定的，其目的是为了查看胎宝宝的发育状况和准妈妈的健康情况，以便尽早发现问题，趁早治疗，使准妈妈和胎宝宝顺利地度过妊娠期。

定期检查能连续观察、了解各个阶段胎宝宝发育和准妈妈身体变化的情况，例如胎宝宝在子宫内生长发育是否正常，准妈妈营养是否良好等；也可及时发现准妈妈常见的并发症，如妊娠水肿、妊娠中毒症、贫血等疾病的早期症状，以便及时治疗，防止病情恶化。此外，在孕期，由于胎宝宝在子宫里是浮在羊水中的，因此能经常转动身体，胎位也会随之发生变化。如果能及时发现胎宝宝正常的头位转成不正常的臀位时，便能及时纠正。

产前检查一般要求是9～13次

整个孕期的产前检查一般要求是9～13次。初次检查应在停经后3个月以内，以后每隔1～2个月检查1次；怀孕6个月至8个月末（怀孕21～32周），每月检查1次；怀孕9个月（怀孕33～36周），每两周检查1次；最后1个月每周检查1次。如有异常情况，必须按照和医生约定的复诊日期去检查和治疗。

产前检查时要如实说明病史

检查时，医生会详细询问准妈妈以往月经周期和健康情况，如有无不正常的分娩史，这次怀孕的头2个月内有无患过病毒性流感或出过风疹，双方直系亲属中有无患遗传病、高血压或糖尿病的人，有无对某种药物过敏等。了解这些情况，对准妈妈和胎宝宝的健康很重要。如果准妈妈有一般性的疾病，如轻度贫血，服药和加强营养后即可得到早期治愈；如果准妈妈的心、肺、肾等重要脏器有较严重的不适宜妊娠的疾病，则可以及早采取人工流产方法终止妊娠，以免导致准妈妈发生难以挽回的健康损失，甚至危及母婴生命。

多元胎教时光：早一天胎教，早一天受益

营养均衡，用健康迎接宝宝

胎教准备

刚刚怀上胎宝宝的准妈妈心情是既激动又有点担心的，该怎样补充营养才能保证小生命的健康成长呢？其实这时的胎宝宝还只是一个小小的胚胎，其所需要的营养是十分有限的。因此准妈妈完全可以按照孕前的饮食习惯，该吃什么就吃什么，以全面补充营养为主，包括蛋白质、脂肪、碳水化合物、矿物质和维生素。但是要记住，此时孕妇叶酸的补充是不能少的，否则会对胎宝宝的神经系统发育产生影响。另外，准妈妈还要注意不要吃刺激性和含咖啡因的食物，并戒烟戒酒等。

胎教实施

孕早期的膳食强调营养全面、合理搭配，避免营养不良或过剩。胎盘需要将一部分能量以糖原形式贮存在体内，随后以葡萄糖的形式释放到血液循环中，供胎宝宝使用。胎宝宝能够利用的能量也主要以葡萄糖为主。因此，准妈妈应适当增加碳水化合物的摄入量，以保证胎宝宝的能量需要。准妈妈应每天至少摄入150克以上的碳水化合物，以免因饥饿而使体内血液中的酮体蓄积。酮体被胎宝宝吸收后，对胎宝宝大脑的发育将产生不良影响。此外，准妈妈的脂肪用量也不能过低，以防止脂溶性维生素不能被吸收。

孕早期胚胎的生长发育，母体组织的增大均需要蛋白质。孕早期是胚胎发育的关键时期。此时，准妈妈体内蛋白质、氨基酸缺乏或供给不足都将引起胎宝宝生长缓慢，甚至造成畸形。同时早期胚胎不能自身合成氨基酸，必须由母体供给，因此，母体应从膳食中获得充足的优质蛋白质。只有每天不少于40克的蛋白质供给，才能满足母体需要。不愿吃动物类食物的准妈妈可以补充奶类、蛋类、豆类、坚果类食物。

孕早期准妈妈应确保矿物质、维生素的供给。为了补充钙质，准妈妈应多食牛奶及奶制品。不喜欢喝牛奶的准妈妈可以喝酸奶、吃奶酪或喝不含乳糖的奶粉等。呕吐严重的准妈妈易出现体液平衡失调的症状，更应多食。

在怀孕第1个月内，胎宝宝发育缓慢。此时，准妈妈在营养补充上不用过于讲究，进食量和所需营养素与怀孕前期基本相似。准妈妈每天最低营养需要大致包括200克主食、50克以上蛋白质（相当于50克瘦肉+2个鸡蛋+1袋牛奶），在此基础上配以肝脏、鱼类、豆腐或豆制品等。同时要注意补充维生素C，多吃菠菜等新鲜绿叶蔬菜及猕猴桃等水果和坚果，就能构成较好的早孕食谱。

此时，准妈妈应注意吃些容易消化、清淡少油腻的和符合口味的食物，避免食用过分油腻和刺激性强的食物。准妈妈每日饮食可调整为少量多餐的方式，每天加两三次辅食，辅食量不宜过多。准妈妈在每天清晨早孕反应严重时，尽量吃一些烤面包、馒头片等易消化食物，多饮水，保持心情舒畅，克服恶心、呕吐等妊娠反应，坚持进食。

营养建议

根据经济条件及供应情况，准妈妈的膳食一般可以分为理想、较好和一般三种情况。

理想膳食：每日牛奶350毫升，鸡蛋1个，瘦肉150～200克，蔬菜250～500克，水果2个，谷类250克。豆制品、鱼类、肝汤等每周可加3次左右。

较好膳食：每日牛奶250毫升，鸡蛋1个，瘦肉或内脏类100克，豆类或豆制品100克，蔬菜500克，谷类250克，水果1个。鱼类每周也可加1～2次。

一般膳食：每日鸡蛋1个，肉类50～100克，豆类或豆制品100～150克，蔬菜500克左右，谷类250克。

情绪胎教：

快乐是最好的胎教

准妈妈情绪变化对胎宝宝有较大影响。准妈妈若处于恐惧、愤怒、悲伤、烦躁等消极情绪中，其身体功能包括内分泌都会发生明显变化。其中很大一部分将体现在血液中所含化学物质（激素等）发生变化，而这些变化会直接影响胎宝宝，使胎宝宝出生后情绪不稳、消化不良、经常生病或躁动不安等。例如，在孕早期（怀孕7～10周），准妈妈情绪波动会造成肾上腺皮质激素增多，血液中过量的肾上腺皮质激素会阻碍胚胎中某些组织的联合，破坏胎宝宝腭部正常发育，可能导致准妈妈生产出腭裂、唇裂等畸形胎儿。

国外研究报告指出，准妈妈的情绪还会对胎宝宝未来的情商产生影响。

美文胎教：

泰戈尔散文诗组

1. 夏天的飞鸟，飞到我的窗前唱歌，又飞去了。秋天的黄叶，它们没什么可唱，只叹息一声，飞落在那里。

2. 世界对着它的爱人，把它浩瀚的面具揭下了。它变小了，小如一首歌，小如一回永恒的接吻。

3. 是大地的泪点，使她的微笑保持着青春不谢。

4. 广漠无垠的沙漠热烈地追求着一叶绿草的爱，但她摇摇头，笑起来，飞了开去。

5. 如果错过了太阳时你流了泪，那么你也要错过群星了。

6. 跳着舞的流水呀，在你途中的泥沙，要求你的歌声，你的流动呢？你肯挟瘸足的泥沙而俱下么？

7. 她的热切的脸，如夜雨似的，搅扰着我的梦魂。

8. 有一次，我们梦见大家都是不相识的。我们醒了，却知道我们原是相亲相爱的。

9. 忧思在我的心里平静下去，正如暮色降临在寂静的山林中。

10. 谢谢火焰给你光明，但是不要忘了那执灯的人，他还坚忍地站在黑暗当中呢。

11. “海水呀，你说的是什么？”“是永恒的疑问。”“天空呀，你回答的话是什么？”“是永恒的沉默。”

12. 上帝对人说道：“我医治你，所以要伤害你，我爱你，所以要惩罚你。”

13. “完全”为了对“不全”的爱，把自己装饰得美丽。

14. 不要因为峭壁是高的，便让你的爱情坐在峭壁上。

15. 我今晨坐在窗前，世界如一个过路的人似的，停留了一会，向我点点头又走过去了。

16. 这些微思，是绿叶的簌簌之声呀；它们在我的心里欢悦地微语着。

17. 你看不见你自己，你所看见的只是你的影子。

18. 我不能选择那最好的，是那最好的选择我。

19. 那些把灯背在背上的人，把他们的影子投到了自己前面。

20. 我存在，乃是所谓生命的一个永久的奇迹。

21. “我们萧萧的树叶，都有声响回答那风和雨。你是谁呢，那样地沉默着？”“我不过是一朵花。”

22. 休息之隶属于工作，正如眼睑之隶属于眼睛。

23. 人是一个初生的孩子，他的力量，就是成长的力量。

24. 上帝希望我们酬答他的，在于他送给我们的花朵，而不在于太阳和土地。

25. 光如一个裸体的孩子，快快活活地在绿叶当中游戏，他不知道人是会欺诈的。

胎教要点

诗人是“人类的儿童”。因为他们都是天真的、善良的。泰戈尔更是一个“孩子的天使”。他的散文诗正如这个天真烂漫的天使的脸，看着他，就“能知道一切事物的意义”，就能感知和平、感知安慰，并且知道真爱。泰戈尔的诗作美而且纯净，不仅蕴含着高超的理想主义思想，还展示了文学的庄严与美丽，特别适合准妈妈在孕中、晚期对胎宝宝进行语言胎教和美育胎教，其中浓烈的美感可以使准妈妈保持美好的情绪，启发胎宝宝的智力。

宝贝，
这是我们给你的第1封信

大肚照时间！

拍摄时间：

孕　　龄：

体　　重：

PART 3

好神奇！胎教能赶走小焦虑

孕2月

准妈妈健康课堂：吐并快乐着

看起来像个小人儿了

胎宝宝大体上有人形了

妊娠第5周末，利用超声波可看到准妈妈子宫内白色环状的胎囊，其直径为20毫米左右，胚胎则呈1～11毫米的点状物。妊娠第7周末，胎囊直径增大至50毫米左右，胚胎头部至尾部的长度（头臀径）为14毫米左右，头部与躯体的形状已具备，体重约4克。胚胎长长的尾巴逐渐缩短，头和躯干也能区别清楚，大体上有人形了。

胎宝宝主要脏器初具规模

胎宝宝手、脚已分明，甚至10个手指及脚趾都有了，连指头上长指甲的部分也能看得出来。眼睛、耳朵、嘴慢慢成形。胃、肠、心脏、肝脏等内脏已初具规模。大概80%的脑、脊髓神经细胞也在这时出现。心脏跳动是1分钟130～150次，肝脏也开始明显地发育。胎宝宝的眼睛还分别长在脸的两侧，肌肉组织、神经纤维等并未形成。但胎宝宝的外生殖器已开始形成，从外表上还分不出性别。准妈妈的羊膜腔里积有羊水，胎宝宝好像漂浮在里面。

准妈妈与胎宝宝之间的关系

准妈妈与胎宝宝之间的物质交换并非畅通无阻。绒毛上皮虽然薄到只有百万分之一厘米厚，却在准妈妈与胎宝宝之间形成了一道不易逾越的屏障，保护着胎宝宝，这道保护屏障允许有利于胎宝宝的物质通过，阻挡不利于胎宝宝的物质，当然，这种阻挡的能力很有限。

原来这就是孕吐

准妈妈开始呕吐了

妊娠4～5周内，准妈妈胎盘的绒毛组织所产生的绒毛膜促性腺激素经由尿道排出，若能确定这种激素的存在，即表示已怀孕。大致上来说，大部分女性都是因为呕吐而开始留意到自己可能怀孕了。

妊娠初期准妈妈除了会有恶心的感觉之外，还会由于骨盆充血压迫到膀胱引起便秘、腹泻、多尿等现象，同时，准妈妈常常还会感到下腹发胀。这些现象若非便秘、腹泻、膀胱炎等病症引起的，即是由内部生殖器官所引起的，是由于妊娠引起子宫不规则的收缩，从而导致的一种正常的生理现象，并无大碍，准妈妈不必担心。

准妈妈既喜悦又不安

大部分准妈妈都会因真切地感到胎宝宝的具体存在而满怀期望，希望孩子早日诞生。但是也有些准妈妈则因深受呕吐之苦而不能忍受，或因为第一次怀孕对即将到来的孕期和生产感到紧张和担心，产生强烈的不安，出现情绪低落等现象。其实，这种心态很不好。因为紧张不安的精神状态不仅会扰乱准妈妈的孕期生活，也会影响胎宝宝早期的生长发育。

对于这种不稳定的情绪表现，准妈妈应正确认识和调整。准妈妈应积极主动地去多想一些愉快的事情，多看一些轻松、幽默的书籍，多听一些优雅动听的音乐，进一步了解妊娠的呕吐多是由神经紊乱、精神过度紧张造成的，尽量让自己从紧张的心情中放松下来，保持心情舒畅，保持心理平衡；和亲友聊聊天，从而减轻自己妊娠的不良反应和烦躁情绪。

改变不良生活习惯以缓解早孕现象

应对呕吐食疗法效果最好

在这个阶段，许多准妈妈都会发生晨起恶心的现象。症状轻者食欲下降；症状明显者，吃什么吐什么，不吃也吐，而且嗅觉特别灵敏，嗅到厌恶的气味也会引起呕吐。这些都是正常的妊娠反应。

如果准妈妈发生比较严重的妊娠呕吐，除了进行药物治疗外，也可以通过日常饮食进行辅助治疗。

食疗方1：麦门冬粥

原料：鲜麦门冬汁、鲜生地汁各50克，生姜10克，大米80克。

做法：将大米及生姜入锅，加水煮熟，再加入鲜麦门冬汁、鲜生地汁，调匀，煮成稀粥。空腹食，每天2次。

食疗方2：生姜乌梅饮

原料：乌梅肉、生姜各10克，红糖适量。

做法：将乌梅肉、生姜、红糖加水200克煎汤。每次服100克，每天2次。

食疗方3：芦根竹茹茶

原料：芦根50克，竹茹30克。

做法：水煎汤取汁，加蜜糖适量。温服。

孕早期不适有办法

尿频时尽量少喝水

尿频是准妈妈们怀孕期间最常见的现象。准妈妈在怀孕初期出现尿频主要是由于身体激素分泌发生了改变，到现在为止还没有特别好的办法来控制这种情况的发生，唯一可行的就是控制饮水量。为了避免夜间频繁上厕所影响睡眠，准妈妈最好在晚饭后少喝水，临睡前1～2小时内不要喝水。当然，也不能绝对禁饮，因为适量摄取水分可以预防尿路感染。

准妈妈孕早期出现的尿频只是小便频繁，身体不会出现其他不适症状。如果尿频伴随疼痛或烧灼感等异常现象，应立即到医院做检查，否则可能会影响到肾脏等其他脏器。

胃部不适可以少吃多餐

孕早期，由于胎盘分泌激素的影响，胃部肌肉张力降低，胃肠蠕动减弱，准妈妈常常会感到胃肠道胀满，尤其是胃贲门部括约肌松弛，使食物和消化液有机会从胃里逆流到食管内，食管黏膜受到胃酸的刺激，会产生胃部烧灼感，准妈妈因此会感到“胃灼热”。

为缓解胃部不适的感觉，准妈妈可以采取少食多餐的进食方法，包括下午茶和消夜在内，一天可进食4～5次，尽量减少胃内食物存储量，以少食多餐方式满足机体的需要；不要吃很酸的、味道浓烈的食物以及喝碳酸饮料，以免刺激胃液分泌，加重胃灼痛。另外，饭后立即卧床、进食过多或摄取过多脂肪及吃油炸食品的行为都不可取，因为这些都会加剧“胃灼热”症状。此外，准妈妈应养成定期排便的习惯，可以预防及减轻腹胀。

出现便秘要多吃富含膳食纤维的食物

孕早期，还有一个让准妈妈不适的问题，那就是便秘。造成便秘的原因可能是激素作用于肠道的肌肉，使之松弛，造成排泄能力下降。

要避免便秘，准妈妈在饮食中就要多吃富含膳食纤维的食物，比如多吃水果和蔬菜，尤其可多吃香蕉，每天可以喝8～10杯（每杯约250毫升）水；养成定期排便的习惯；坚持每天适量运动，以便维持良好的肠道功能。如果这些方法仍然不能奏效，就要去医院寻求帮助。

多元胎教时光：良好的胎教促进胚胎发育

营养胎教：

帮助胎宝宝度过器官发育的起步阶段

胎教准备

怀孕第2个月，胎宝宝已经大体上初具人形，主要脏器开始形成。此时胎宝宝接收外部刺激的能力还不够；胎宝宝正处于器官发育的起步阶段，大脑的发育更是十分迅速，需要全面的必需营养素。所以，这个月的胎教主要以营养胎教为主，同时，准爸爸及其他家人要给准妈妈精神上的抚慰，努力调节好准妈妈的日常生活，为胎宝宝最初的健康发育创造良好的胎内环境。

胎教实施

多摄入脂肪。在日常生活中，脂肪的主要来源有食用的豆油、菜油、花生油、芝麻油等植物油以及猪油、牛油、羊油等动物油，还有核桃仁、鱼、虾、动物内脏等。尤其是鱼类，不但含有比动物油更多的不饱和脂肪酸，还含有一种更能健脑益智的营养物质——DHA。

因此，准妈妈每周至少吃3～5次鱼，如果家庭条件允许的话，最好每天吃1次鱼，每次不少于250克，这样胎宝宝就可以通过胎盘从母体中获得大量的DHA，使其脑细胞数量增殖并且得到优良发育。胎宝宝获得DHA的量与准妈妈摄入DHA的量是成正比关系的，即准妈妈吃得越多，胎宝宝吸收DHA的量越多。如果准妈妈怀孕期间鱼吃得少或因为偏食等其他原因使DHA摄入量减少，那么胎宝宝从准妈妈体内获得的DHA含量也就少，这样就会给胎宝宝的大脑发育带来很大的损失，甚至会造成无法弥补的后果。

多摄入蛋白质。我们日常生活中食用的猪瘦肉、鱼、牛奶、鸡蛋、奶酪等食品富含动物蛋白，而黄豆、花生、各种豆制品富含植物蛋白。准妈妈整个孕期应多吃这些食物，每天摄入的蛋白质不少于80克，而且还要提倡动物蛋白和植物蛋白混合食用，这样可以提高蛋白质的营养价值。

多摄入钙。钙能保证大脑持续长久地工作，对大脑所产生的异常兴奋起到抑制作用，并能使脑细胞避免有害刺激，因此准妈妈怀孕期间对钙的摄取也是很重要的。非妊娠期，女性每天平均需要钙0.4克，而妊娠期，准妈妈每天必须摄入1克以上的钙，才能满足自己和胎宝宝对钙的需求。

含钙丰富的食物有鱼、海带、虾皮、芝麻酱、豆制品、乳类、蛋类及水果等。另外，可用猪骨、牛骨、羊骨熬成汤后加点醋供准妈妈食用，这类汤的钙吸收量可达70%以上。

多摄入糖类。大脑是消耗能量的器官，虽然大脑的重量只占体重的2%左右，但大脑的耗能量却占全身总热量的20%，因此大脑对能量的需求非常大，而糖类正是大脑活动能量的来源。有人称糖类为“慢性能源”，正是因为它能将能量细水长流地提供给大脑，从而成为大脑供能的最佳源泉。

多摄入B族维生素、维生素C和维生素E。B族维生素包括维生素B_1、维生素B_2、维生素B_6、维生素B_{12}等。B族维生素对大脑的功能有着间接的影响，它们对大脑的作用是帮助蛋白质的代谢。所以，准妈妈一定要注意B族维生素的摄取，尤其是维生素B_6还有减轻早孕反应的作用。

适量补充叶酸。怀孕早期，由于胎宝宝的胎盘功能尚未成熟，主要脏器正在发育。因此，准妈妈在这个特殊时期一定要注意休息和补充营养，还要注意防止流产，这也是本月营养胎教的重点。

一般认为，对于无叶酸缺乏症的准妈妈来说，每天摄取的叶酸量不宜过多，必要时服用孕妇专用的叶酸制剂即可，而不是服用普通的用于治疗贫血症的大剂量（每片含叶酸5毫克）叶酸片。同时，准妈妈还应多吃些新鲜水果和蔬菜。

为了胎宝宝能够健康地成长发育，建议准妈妈最好在计划怀孕前3个月至怀孕后3个月口服斯利安片，该药为小剂量的叶酸增补剂，在市、区（县）妇幼保健院（所）有售。

如果准妈妈体内叶酸缺乏，将会导致流产、胎宝宝宫内发育迟缓及出现唇裂腭裂与先天性心脏病。出生后的婴儿若发现其神经管畸形，一般是准妈妈体内叶酸缺乏所致。

所以，准妈妈在怀孕6周内服用多种含有叶酸的食物，可以使胎宝宝患神经管缺陷的危险减少50%～70%。准妈妈在怀孕7周内可以多食用一些莴苣，有助于胎宝宝的正常发育，尤其是脊髓的正常形成，避免胎宝宝发育畸形。

一项研究证实，准妈妈摄取足量的维生素C，可提高胎宝宝智力。美国营养学家库巴拉和卡兹曾经对人群抽样调查后得出结论，血液中维生素C的含量与智力有着密切关系。由此可见，准妈妈摄入充足的维生素C对胎宝宝的大脑发育很重要。维生素C存在于新鲜的绿叶蔬菜、辣椒、豆芽、酸味水果中，特别是枣、橘子、柿子等水果，准妈妈在怀孕早期应多吃各种蔬菜和水果。

维生素E具有保护细胞膜的作用，还能防止不饱和脂肪酸的过氧化，即可以有效防止脑细胞活力衰退，若体内含有充足的维生素E，可保持脑的活力。维生素E广泛分布在木本植物的果实、种子及谷物的胚芽中。准妈妈在孕早期可多食用富含维生素E的食物，如五谷、大豆、花生、芝麻、莴苣、油菜、菜花等。

胎教效果

孕早期是胎宝宝大脑发育的关键时期，而人的大脑需要脂类、蛋白质、糖类、钙等成分，因此，准妈妈在孕早期多摄取这些营养素有助于胎宝宝大脑的发育。

胎教营养餐

菠萝鸡胗

原料：鸡胗300克，新鲜菠萝150克（或罐装菠萝2片），青椒1个，红甜椒1/2个，植物油、白糖、盐、水淀粉、醋、番茄汁、料酒、蒜片各适量。

做法：将青椒、红甜椒洗净，去籽，切块；鸡胗用盐擦洗干净，斜切成十字花刀，放入沸水中煮3分钟，盛起沥干；锅内倒油烧热，爆香蒜片、鸡胗、青椒、红甜椒及菠萝，加料酒焖5分钟；加入由水淀粉、白糖、醋、番茄汁调制好的芡汁勾芡，翻炒几下即可。

清炒鱿鱼卷

原料：水发鱿鱼250克，植物油75克，葱、姜、料酒、盐、胡椒粉、水淀粉各适量。

做法：将鱿鱼洗净、从中间切开，一面切成深度的十字花刀，再切成2厘米长的段；葱、姜洗净，切片，将料酒、盐、胡椒粉和水淀粉兑成汁；锅内加水烧开，将鱿鱼段入锅稍煮，待其成卷时捞出，沥干水分；锅内放植物油烧热，把鱿鱼、葱、姜一同入锅稍炒，放入兑好的调料，炒熟即可。

桑葚芝麻糕

原料：桑葚30克，黑芝麻60克，麻仁10克，糯米粉200克，大米粉300克，白糖适量。

做法：将黑芝麻放入锅内，用小火炒香备用；桑葚、麻仁分别洗净后，放入锅内，加适量清水，用大火烧沸后，转用小火煮20分钟，去渣留汁；把糯米粉、大米粉、白糖放入盆内，加入煮好的汁和适量清水，揉成面团，做成糕，在每块糕上撒上黑芝麻，上笼蒸15～20分钟即可。

情绪胎教：

良好的心态是对早期胎宝宝最好的胎教

胎教准备

在怀孕早期，大部分准妈妈都会感受到即将做母亲的喜悦感、幸福感和自豪感。但是也有一部分准妈妈由于内分泌的变化和严重的早孕反应，产生紧张的心理；同时，恶心、呕吐、眩晕、食欲不振等不良反应，还会让准妈妈产生种种担忧，担心妊娠失败甚至厌恶妊娠、担心胎宝宝流产或畸形、担心分娩的疼痛等，进而产生烦躁心理。所以，准妈妈要及时开展冥想胎教，这样做有助于其稳定情绪，给胎宝宝一个安定的生长环境。

胎教实施

当准妈妈情绪不稳定的时候，可以去想一些愉快的事情，尽量让自己从紧张的情绪中放松下来，保持心情舒畅、心理平衡，这样才能保护好初期孕育的胚胎，为日后胎宝宝的正常生长发育及胎教阶段开一个好头。

准妈妈坚持冥想不仅对胎教有好处，也会对分娩有帮助。练习冥想一般需要一个月以上才可以看到效果，所以最好从怀孕开始一直练习到分娩之时。准妈妈应该每天练习30～60分钟，也可以根据自己的身体状态适当调整练习时间。

胎教效果

准妈妈与胎宝宝的神经系统之间虽然没有什么直接的联系，但当准妈妈情绪不佳时，能刺激其自主神经系统的活动，使内分泌腺分泌出多种多样的激素，这些激素会通过血液循环进入胎盘，使胎盘的血液成分发生变化，从而影响到胎宝宝的生长发育，导致胎宝宝出现唇裂、腭裂的情况。同时，由于准妈妈情绪紧张，会导致其体内环境发生紊乱，使准妈妈抵抗力降低，易受病原体的感染，从而导致胎宝宝先天畸形。而当准妈妈心情愉快时，其身体就会分泌出有益于胎宝宝生长发育的激素。准妈妈练习冥想可以让自己保持稳定、良好、乐观的心理状态，这是对胎宝宝早期最好的胎教。

温馨小贴士

孕早期准妈妈应坚持每天散步。散步有利于准妈妈呼吸新鲜空气，提高神经系统和心、肺功能，促进全身血液循环，增强新陈代谢，加强肌肉活动，所以散步是增强准妈妈和胎宝宝健康的有效运动方式之一。但要注意，准妈妈最好不要在马路上散步。因为马路上的车辆川流不息，所排放的尾气中不乏致癌、致畸物质，严重影响着人体健康，对准妈妈及胎宝宝的影响更甚。此外，马路上、大街上空气混浊，汽车马达轰鸣声、刺耳的高音喇叭声等噪音都会对准妈妈及胎宝宝的健康造成极为不利的影响。

准妈妈散步的地点要有所选择，应到空气清新的公园、郊外、林荫绿地、干净的水塘湖泊边等，以确保准妈妈及胎宝宝的健康。

呼唤胎教：

刺激2个月大的胎宝宝最初的大脑发育

胎宝宝感觉器官在孕早期就已发育

据科学家研究发现，胎宝宝的眼、耳、鼻、皮肤等感觉器官，在妊娠早期便已形成，当然，其功能的建立和发展则是妊娠中后期的事了。妊娠中期，胎宝宝对声音已相当敏感，这声音包括准妈妈体内的声音，如大血管的搏动、子宫动脉和脐带血管的搏动以及胃肠的蠕动等；同时也包括准妈妈体外的声音，如外面世界的各种响动，即使是准父母比较微弱的谈话声，胎宝宝也会全神贯注地倾听。有研究发现，有时准妈妈打一次大声的喷嚏，也会吓到胎宝宝，这说明胎宝宝已通过听力与外界建立起了一套信息传递系统。

曾有这样一个故事：准妈妈怀孕期间，准爸爸一直坚持向胎宝宝说："小宝贝，你好吗？我是你爸爸！"同时抚摸胎宝宝。他发现每当他说出这句话，胎宝宝就会兴奋地蠕动。当这个孩子出生后哭闹时，这位父亲习惯性地说："小宝贝，你好吗？我是你爸爸！"话刚出口，婴儿就像着了魔一样突然停止了哭声，并掉转头来寻找声音的来源，后来竟笑了。之后每当孩子哭闹时，这位父亲都会说这句话，且每次孩子都能安静下来。

由此可见，准父母通过声音和动作对胎宝宝进行呼唤训练，是一种积极有益的胎教手段。

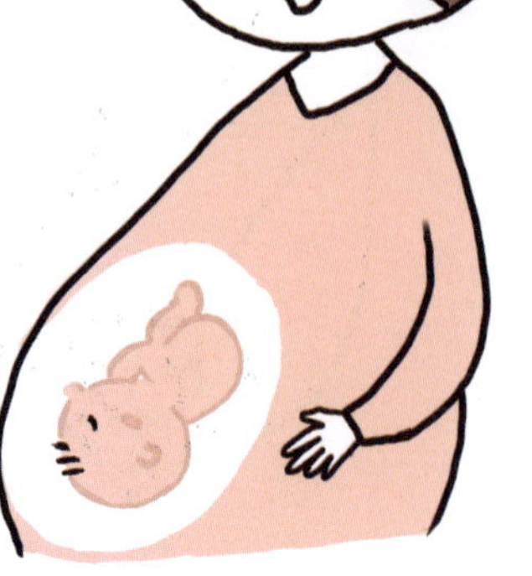

隔着肚皮轻轻呼唤胎宝宝

呼唤胎教，顾名思义就是准父母隔着肚皮通过呼唤的方式呼唤胎宝宝。在胎宝宝有了一定反应之后，准父母对着胎宝宝进行呼唤："宝宝，你好，我是妈妈。""我是爸爸。"还可以一边说，一边用双手抚摸准妈妈的肚皮。每天坚持，久而久之，胎宝宝就会对准父母的呼唤有反应了。

胎教准备

到妊娠第2个月，胎宝宝的大脑已发育至80%，脊髓神经细胞已大部分发育完成，这时就可以对胎宝宝进行呼唤胎教了。

胎教实施

呼唤胎教，主要在早晨或傍晚进行。例如，早晨起床前，准妈妈可以轻抚腹部，对胎宝宝说："起床啦，宝宝。"走在路上，准妈妈可以把眼前的景色生动地讲解给胎宝宝听："瞧，马路上的人真多，空气真新鲜，太阳真明亮！"睡觉前，可以由准爸爸通过轻抚准妈妈腹部的方式来抚摸腹中的胎宝宝，并可与胎宝宝对话："哦，小宝宝，爸爸来看你啦。"

胎教效果

呼唤胎教可以刺激胎宝宝的大脑发育，因为怀孕第2个月是胎宝宝大脑发育最快也是最重要的阶段。呼唤能够让胎宝宝建立一种固定的反应，尤其是呼唤胎宝宝的名字（如果准父母已经为胎宝宝取好名字的话），这样会在以后使胎宝宝与准父母之间建立起一种独特的"联系密码"。

音乐胎教：

拯救准妈妈的神奇音乐

胎教音乐要旋律优美、轻柔舒缓

音乐是一种表现人类情感的独特语言，它凭着旋律、节奏和音响度，触及不同种族、不同语系的人们的心灵，让人产生共鸣。对于准妈妈来说，它最大的特点是擅长抒情，能滋养情绪、安抚心理、提升境界；对于胎宝宝来说，音乐（这里是指一些特定的音乐作品）具有刺激大脑的作用。当音乐声传入胎宝宝大脑后，可诱发其大脑突触电位升高，使大脑进行特殊化学合成，从而促进胎宝宝智力发育。

选择胎教音乐的要求：能维持准妈妈愉快的心情，可良性刺激胎宝宝的生长。即胎教音乐应选择那些旋律优美、富有节奏、轻柔舒缓以及抒情性强的作品，切忌选择那些节奏过于强烈、声音力度过于刺激、情绪变化过于快速、抒发的情感过于悲伤的作品，比如爵士乐、摇滚乐等。

胎教准备

音乐胎教分为两类，一是让胎宝宝直接欣赏音乐，二是准妈妈自己欣赏。由于这时的胎宝宝有一些感觉系统尚未发育完成，故本月的音乐胎教主要以准妈妈欣赏为主。准妈妈通过欣赏美好的音乐来调节情绪、平衡心理、养心怡情，从而产生美好的联想，再通过准妈妈的神经和体液调节将这种感受传递给胎宝宝，从而达到胎教的目的。

胎教实施

本月进行音乐胎教的具体方法不限，准妈妈可以戴着耳机听，也可以不戴耳机听，还可以一边听一边唱等，每一位准妈妈都可根据自己的生活环境和喜好来随意安排。准妈妈要尽可能多地抽出一些时间来欣赏胎教音乐，让轻柔悦耳的音乐充满自己所处的空间，还可以边听边想象腹中胎宝宝欢快的样子，促使母体和胎宝宝之间产生心理上的共鸣。欣赏音乐可以每天1～2次。

胎教效果

由于音乐的曲调、节奏、旋律、音响度不同，对人体产生的情感和理性共鸣的程度就不同，所以选择胎教音乐时，准妈妈要根据自己的实际情况，有针对性地选择曲目，从而达到胎教的目的。因妊娠2个月时大多数准妈妈都会因呕吐而造成食欲不振，因此，在这里建议准妈妈听一些促进食欲的音乐，比如民乐《花好月圆》《欢乐舞曲》等。这类乐曲听起来旋律欢快流畅，充满阳光、温暖和喜庆。准妈妈在听音乐时要将自己融入热情舒畅的乐曲中，忘我地感受音乐氛围，这样才能消除因呕吐等早孕反应带来的不良情绪。

温馨小贴士

胚胎学研究证明，在妊娠第8周胎宝宝的听觉器官已开始发育，从第8周起神经系统初步形成，听觉神经开始发育，尽管发育得还很不成熟，但胎宝宝已具有可以接受训练的最基本条件，故从妊娠2个月末起，准妈妈和胎宝宝可以听一些优美、柔和的曲目。每天在室内放1～2次，每次10分钟左右，乐曲不要选得太多，3首曲子就差不多了。音乐胎教不仅可以激发准妈妈愉快的情绪，还可以适当刺激胎宝宝的听觉，使其提前适应，为下一步的语言胎教、对话胎教开个好头。选择乐曲时要根据准妈妈的不同性格特点选取不同曲词、节奏、旋律和响度的乐曲。如果准妈妈情绪不稳、性情急躁、胎动频繁不安，则宜选择一些缓慢柔和、轻盈安详的乐曲，如二胡曲《二泉映月》、古筝曲《渔舟唱晚》等。这些柔和平缓并带有诗情画意的乐曲，可以使准妈妈及胎宝宝逐渐趋于安静状态，有益于母体与胎宝宝的身心健康。如果准妈妈在孕期感到有些抑郁或不安，则宜选择一些轻松活泼、节奏感强的乐曲，如《春天来了》《步步高》及小约翰·施特劳斯的《春之声圆舞曲》等。这些乐曲的旋律轻盈优雅，曲调优美酣畅、起伏跳跃，节奏感强，既可以使准妈妈振奋精神，解除忧虑，也能给腹中的胎宝宝增添生命的活力。

美文胎教：

纪伯伦散文诗选

雨之歌

我是根根晶亮的银线，神把我从天穹撒下人间，于是大自然拿我去把千山万壑装点。

我是颗颗璀璨的珍珠，从阿施塔特女神皇冠上散落下来，于是清晨的女儿把我偷去，用以镶嵌绿野大地。

我哭，山河却在欢乐；我掉落下来，花草却昂起了头，挺起了腰，绽开了笑脸。

云彩和田野是一对情侣，我是他们之间传情的信使：这位干渴难耐，我去解除；那位相思成病，我去医治。

雷声隆隆闪似剑，为我鸣锣开道；一道彩虹挂青天，宣告我行程终了。尘世人生也是如此：开始于盛气凌人的物质的铁蹄之下，终结在不动声色的死神的怀抱。

我从湖中升起，借着以太的翅膀翱翔。一旦我见到美丽的园林，便落下来，吻着花儿的芳唇，拥抱着青枝绿叶，使得草木更加清润迷人。

在寂静中，我用纤细的手指轻轻地敲击着窗户上的玻璃，于是那敲击声构成一种乐曲，启迪那些敏感的心扉。

我是大海的叹息，是天空的泪水，是田野的微笑。这同爱情何其酷肖：它是感情大海的叹息，是思想天空的泪水，是心灵田野的微笑。

胎教提示

花、雨、美、幸福似乎构成了纪伯伦文字的世界。他要唱出“母亲心里的歌”，作品以爱和美为主题，表达深沉的感情和远大的理想。准妈妈在胎教过程中，经常阅读纪伯伦的散文诗可以得到美的享受，陶冶情操。

宝贝，

这是我们给你的第2封信

大肚照时间！

拍摄时间：

孕　　龄：

体　　重：

PART 4

胎宝宝能感受到你的抚摸啦

孕3月

准妈妈健康课堂：跟紧张、害怕、烦躁说再见

拳头大的小不点

胎宝宝真正出现了

到了这个时期，胚胎才能称得上是个真正的胎宝宝，接下来1～2周内，胎盘开始发育，并分泌出各种激素。脐带将把从准妈妈的血液中摄取到的养分传递给胎宝宝，同时将胎宝宝产生的代谢废物输送至母体，并排出体外。这个时期的胎宝宝身长为7～9厘米，体重约28克，与第2个月末相比，增长了3～4倍。

这个时期的胎宝宝在身体构造上已具备了头部、胸部、腹部等外形，头部长度约为身长的1/3。胎宝宝的中枢神经系统发育迅速，背后的脊髓神经在功能上已出现分化、成熟，肌肉或脊髓的末梢神经、神经链等则在以后才开始渐渐长成，胎宝宝的大脑在准妈妈体内平均每天产生5000～6000万个神经细胞。

胎宝宝全身器官大致出现

第8周初，胎宝宝的头部与躯干以颈部作为关节来前后左右弯曲伸展；第8周中，胎宝宝的手、脚尚未发育完成，但手可以开始活动；第8周末，胎宝宝的脚与头部、躯干开始活动。同时，由于准妈妈打喷嚏、咳嗽等引起的腹部压力变化都将促使胎宝宝活动。胎宝宝的皮肤已经有感觉，皮肤的刺激使其脑部更发达。

第9周末，胎宝宝的全身器官大致已经出现，中枢神经系统脊髓上的延髓亦开始活动。

第10周，胎宝宝人形更加清晰，尾巴消失，躯干和腿更长了，下颌和脸颊更加发达，还长出了鼻子、牙根和声带等，眼睛上已长出眼皮。

第11周，通过胎宝宝透明的皮肤，可以看到胸部、腹部的内脏器官；心脏、肝脏、胃、肠等更加发达；肾脏也日渐发达，已经有了输尿管，胎宝宝可以进行微量排泄了。这一时期的胎宝宝通常有些活跃，如伸伸手脚，头部一会儿靠左、一会儿靠右，全身像虾一样弯曲、伸缩、跳跃，有时动作慢，有时动作快，并在羊水中活动。

这时的肚子静悄悄

这时的肚子还是静悄悄的，感觉不到胎宝宝的存在

这一阶段，准妈妈一般已经习惯呕吐所带来的不适感了，但是其身体没有太大的变化。此时，只有用超声波才能看到胎宝宝的动态及状况。然而胎宝宝已经实实在在地在准妈妈体内成长了。怀孕后仍继续工作的准妈妈们，这时就必须克服孕早期的反应，同时创造良好的工作条件，如不要提重物、不要过于疲劳等，以使胎宝宝有个良好的生长环境，也使自己的身体反应减小到最低程度。

准妈妈有点烦躁

准妈妈经历了最初得知怀孕的喜悦和紧张之后，面对呕吐、眩晕等妊娠反应时，难免产生烦躁、忧郁的情绪。一般来说，大多数准妈妈都能积极调整自己的情绪，渐渐变得开朗起来。当然，也不排除有少数准妈妈会产生情绪和心理上的不良反应，即由烦躁发展至暴躁、发怒。

这个时期，准妈妈要了解发怒的害处，尤其对胎宝宝的害处，从而尽量克服自己的不良情绪；多想想腹中的胎宝宝，体会做母亲的幸福。

重视第一次孕期健康检查

孕期第一次健康检查，也就是孕早期（第1～12周）检查，通常在准妈妈怀孕头3个月内进行。孕早期检查项目一般包括以下几个方面。

病史了解

医生会对准妈妈的既往病史、月经史、药物过敏史、家族史、婚姻史、既往孕产史进行了解；同时，了解准妈妈有无影响妊娠的疾病或异常情况。

体格检查

检查准妈妈的血压、体重、身高、心、肺、肝、脾、甲状腺、乳房等，了解准妈妈的身体变化及营养状况。

妇科检查

了解准妈妈的子宫位置、大小、形状是否与确定的怀孕月份相当，并检查有无生殖系统炎症、肿瘤以及其他异常情况等。

血HCG检查

一般未怀孕妇女的血清β-HCG<10国际单位/升，妊娠妇女的血清β-HCG水平在妊娠期头2个月每1.7～2天升高1倍。HCG含量在正常妊娠开始时较少，而在孕6～8周时达到高峰，持续10天左右后迅速下降；大约孕20周时达到相对稳定的水平，然后维持这个水平到分娩，并在产后迅速回落。因为不同准妈妈及各妊娠不同时期的血清β-HCG绝对值变化很大，没有可比性，所以每位准妈妈需要间隔一段时间再次复查数值变化，进行自身的比较。

对于多胎妊娠、宫外孕、胚胎发育迟缓、葡萄胎、某些内分泌疾病或肿瘤等，将血HCG值结合临床情况及其他检查结果综合分析，往往可以得出正确判断。血HCG检查对早期妊娠诊断有重要意义，对与妊娠相关的疾病及滋养层细胞肿瘤等疾病的诊断、鉴别和病程观察等也有一定价值。

微量元素检查

根据科学研究，到目前为止，已被确认与人体健康和生命有关的必需微量元素有18种，即铁、铜、锌、钴、锰、铬、硒、碘、镍、氟、钼、钒、锡、硅、锶、硼、铷、砷，每种微量元素都有其特殊的生理功能。尽管它们在人体内含量极小，但它们却有参与体内各种酶或激素的合成，调节人体各种生理功能的作用，同样它们也是胎宝宝生长发育必不可少的微量元素，会影响胎宝宝的体重增长，影响胎宝宝各个器官的发育。如果准妈妈缺乏某种或多种微量元素，早产、流产、死胎、低出生体重儿的风险就会增加；宝宝出生后则表现为先天不足、发育迟缓、智力低下等多种病症。准妈妈检查微量元素，可以知道体内的微量元素是否缺乏，一旦发现缺乏应及时补充，有利于胎宝宝的健康发育。

孕期的4次B超检查

准妈妈在整个孕期的检查中，一般需要进行4次超声（B超）检查。

第1次（孕12周前）：早期排除胎宝宝畸形和不良妊娠，如葡萄胎等。

第2次（孕18～20周）：筛查畸形儿。

第3次（孕30周左右）：检查有无胎盘和羊水问题，检查胎宝宝宫内安危，发育情况。

第4次（孕37～40周）：确定最终的胎位、胎宝宝大小、胎盘成熟程度、绕脐状况、羊水量等，进行临产前的最后评估。

孕期准妈妈如果有特殊情况出现，则可随时加做超声（B超）检查。

多元胎教时光：
胎宝宝正在开始感觉你

营养胎教：

均衡营养确保胎宝宝脑发育

准妈妈应不吃或少吃的食物

● 螃蟹、甲鱼等寒凉食品

某些水产品有活血的作用，准妈妈早期食用这类食品容易造成出血、流产等现象。对于一般人来说，螃蟹味道鲜美，甲鱼滋阴养肾，可对准妈妈来说，这两者均性寒，有较强的通血散瘀之效。

生冷寒凉的食物，如西瓜、绿豆沙、生鱼片、凉茶等，也对准妈妈不利，不宜多吃。此外，湿热的食物，如龙眼、荔枝、芒果等，也不宜多吃，否则易导致头晕、心悸及呕吐，会加重孕早期的反应。

● 当归、薏米等活血食品

当归具有活血调经的功效，并且其碱性物质挥发油还有兴奋子宫的作用。准妈妈在孕早期食用当归，易发生子宫收缩而导致阴道流血。

薏米也叫苡米，既是一种食品也是一种药品。薏米药性滑利，对子宫平滑肌有兴奋作用，可促使子宫收缩，引发流产。

● 桂圆等燥热食品

桂圆中含有葡萄糖、维生素、蔗糖等物质，营养很丰富，有补心安神、养血益脾之效，但其性温大热，准妈妈本身就阴血偏虚，阴虚则滋生内热，往往有大便干燥、口干而胎热、肝经郁热等症状，所以准妈妈不宜食用桂圆等燥热食品，以免加重内热症状。

松花蛋、油条、味精、罐头等含化学添加剂的食品

松花蛋往往含铅元素，经常食用，会引起铅中毒，导致缺钙，准妈妈忌吃。油条的制作中加入了明矾，明矾是一种含铝的无机物，准妈妈摄入的铝会通过胎盘输送至胎宝宝的大脑，从而造成胎宝宝大脑发育障碍。

味精的主要成分是谷氨酸钠，血液中的锌与其结合后便会随尿液排出，所以味精摄入过多会消耗体内的锌元素，导致准妈妈体内缺锌，而锌是胎宝宝生长发育之必需品，故准妈妈应少吃味精。

罐头食品在制作过程中都加入了一定量的添加剂，如人工合成色素、香精、防腐剂等。而且，罐头食品经高温处理后，其中的维生素和其他营养成分都已受到一定程度的破坏，营养价值并不高。所以，准妈妈尽量不要食用罐头食品，建议多食用新鲜的蔬菜和水果。

精米面

精制大米和精制面等在精制加工过程中常常会损失掉各种微量元素（铬、锰、锌等）及维生素B_1、维生素B_6、维生素E等人体必需的元素，而这些营养素对准妈妈和胎宝宝来说非常重要。如果准妈妈偏食精制大米、精制面，则易患营养缺乏症。所以，准妈妈要尽可能以“完整食品”（指未经精细加工过的食品，或经部分加工精制的食品）作为热量的主要来源，不吃或少吃精制大米和精制面等。

胎教准备

大脑的生长发育主要依赖于细胞数量的增殖和体积的增大，而且脑细胞的增殖具有一次完成的特点，胎宝宝在脑发育期如果营养不良，脑组织结构可能产生不可逆的永久损害，会导致胎宝宝智力低下，甚至终身残疾。这期

间，全面均衡的营养对胎宝宝早期发育，尤其是大脑发育非常重要。因此，第3个月的胎教主要内容为营养胎教。

具体来说，就是要求准妈妈除了在孕早期注意饮食中各种营养的均衡搭配外，还要多摄入有助于胎宝宝大脑发育的各种营养素，这样才能保证胎宝宝的大脑正常发育。

胎教实施

多补充益脑的营养素。蛋白质是人类大脑复杂的智力活动中不可缺少的基本营养物质，对生命的物质结构、功能和大脑发育起着很重要的作用。准妈妈在孕早期加强蛋白质的补充，就能避免胎宝宝因蛋白质供应不足而引起大脑发育障碍。

碘对胎宝宝的大脑发育有着显著的促进作用。如果胎宝宝缺碘，将导致胎宝宝智力低下。所以，准妈妈要注意吃一些富含碘的食物，如紫菜、海带、裙带菜、海参、蛏子、干贝、海蜇等，以改善体内碘缺乏的状况。

锌对胎宝宝的大脑发育也起着不可忽视的作用。如果胎宝宝缺锌，就会形成多种畸形。所以，准妈妈要多摄入富含锌的食物，如牡蛎、蚌、贝、海带、黄豆、扁豆、麦芽、黑芝麻、紫菜、南瓜子、瘦肉等。

某些维生素缺乏或过多会导致胎宝宝神经系统方面的畸形，亦严重影响胎宝宝的智力。如缺乏维生素A可致头小畸形，缺乏维生素B_{12}、叶酸可致神经管畸形，缺乏维生素E可产生无脑儿、露脑畸形等患儿。所以，准妈妈要多食用富含维生素的食物（主要是瓜果类和蔬菜类）。

鸡蛋。鸡蛋的营养价值很高，含丰富的蛋白质且其利用率高，营养成分全面而均衡，人体所需要的七大营养素除了膳食纤维之外，其余的均能在鸡蛋中找到。鸡蛋的最可贵之处，还在于它能够提供较多的优质蛋白，其中含有各种必需氨基酸，这不仅有益于胎宝宝的大脑发育，而且有利于提高产后母乳的质量，因此它是准妈妈理想的饮食胎教食品。

核桃。核桃含亚油酸、亚麻酸以及丰富的蛋白质、磷、钙和维生素A等营养物质，核桃种含有较多的不饱和脂肪酸，能强化脑血管弹力和促进神经细胞的活力，故核桃具备多种健脑食品的优点，是脑力健全、发达的基本保证。妊娠期的头3个月是胎宝宝大脑发育的关键期，所以准妈妈在此阶段可以多吃核桃。

黄豆（蛋白质食物）或豆制品。蛋白质是一切生命的物质基础，能够帮助胎宝宝快速成长。一般来讲，蛋白质的来源有两大类：一是动物蛋白质，如各种奶类、鱼肉、牛肉、虾、肝脏、蛋及鸡、鸭、蟹等；另一类是植物蛋白质，如多种豆类及其制品，像黄豆、青豆、黑豆、豆腐、豆浆等，以及谷类、干果类，如米、面、玉米、花生、核桃、榛子、瓜子等。其中黄豆富含人体必需的8种氨基酸，素有“植物蛋白之王”的美称，它还富含脂肪、糖类、胡萝卜素、钙、磷、铁及亚油酸，是准妈妈怀孕头3个月的理想食品。

DHA鱼油。DHA（俗称脑黄金）是一种对人体非常重要的不饱和脂肪酸，是神经系统细胞生长及维持的一种主要成分，是大脑和视网膜的重要组成部分，在人体大脑皮层中的含量高达20%，在视网膜中所占比例最大，约占50%，它对脑细胞的分裂及增殖、神经传导、脂肪代谢、突触的生长和发育起着极为重要的作用，对胎宝宝生长、智力发育都有极大的影响。但由于人体自身难以合成足够的DHA，所以准妈妈必须摄入DHA来补充，这样才会利于胎宝宝的智力发育。

动物肝脏和莴苣。动物肝脏和莴苣富含叶酸，而胎宝宝的生长离不开叶酸。所以，准妈妈最好在孕早期多补充叶酸，一般每天需要摄取叶酸0.4毫克。除了莴苣和动物肝脏外，瘦肉、深绿色蔬菜都富含叶酸。

虾（虾皮）。虾含有丰富的钙、锌等矿物质元素，每500克虾皮的含钙量高达991毫克。准妈妈在孕早期适量多吃虾或虾皮可以补充钙、锌等营养成分，还可以促进胎宝宝脑部的发育。所以，虾或虾皮是准妈妈补充微量元素、饮食胎教的上佳食品。不过，有过敏反应的准妈妈要慎食。

富含维生素C的水果。准妈妈最好每天喝一杯新鲜的柠檬汁或橙汁，或是多吃一点绿色蔬菜和新鲜水果。准妈妈可以每天补充500毫克维生素C，一次服用或早、晚饭后各服250毫克都可以。准妈妈适当补充维生素C能维持机体血红蛋白的水平，还可以预防感冒。而且，准妈妈多食用富含维生素C的水果，生下来的宝宝，记忆力强、头脑清醒、思维敏捷，所以孕早期的饮食胎教可不能少了这类水果。

苹果。苹果不仅富含锌等微量元素，还富含糖类、多种维生素等营养成分，尤其是纤维含量高，有利于胎宝宝的发育和后天记忆力的加强，所以苹果素有“益智果”之美称。准妈妈每天吃1～2个苹果可以满足锌的需要，适宜于饮食胎教。

小米。妊娠期的头3个月土是胎宝宝大脑等重要器官形成的关键时刻，准妈妈补充丰富的营养素十分重要。而小米中就含有较多的脂肪、钙、镁、锌、铁，以及维生素B_1和维生素B_2，此外还含有较多的胡萝卜素和纤维素，这些都非常有利于胎宝宝早期的脑发育和身体发育。所以，准妈妈在妊娠期的头3个月要多吃小米粥，以加强饮食营养。

胎教效果

究竟可以食用哪些食品，这是准妈妈在整个孕期都需要非常关注的。每个月准妈妈都要补充相关营养素和有益的食品。同样，对不宜食用的食品，准妈妈也要提高警惕，整个孕期都要禁止食用。只有这样，才能达到整个孕期饮食胎教的良好效果，确保准妈妈的饮食对胎宝宝是有益的。

胎教营养餐

咖喱牛肉土豆丝

原料：牛肉500克，土豆150克，植物油10克，生粉、料酒各适量，酱油、盐、咖喱粉各5克，葱、姜各1克。

做法：将牛肉自横断面切成丝，把生粉、酱油、料酒混合，加入牛肉丝抓匀；土豆洗净去皮，切成丝；将油烧热，先将葱、姜爆香，再放入牛肉丝干炒，然后放入土豆丝，加入盐及咖喱粉，用大火炒几下即可。

特点：此菜富含铁、维生素B_2、叶酸等，这些均是促进胎宝宝大脑发育的重要营养素，所以此菜特别适合准妈妈在孕早期食用。

当归枸杞炖猪心

原料：鲜猪心1个，大骨100克，当归3克，枸杞2克，清汤、盐各适量，胡椒粉少许，料酒、生姜各5克。

做法：将鲜猪心切厚片，大骨剁成块，当归切片，枸杞泡洗干净，生姜去皮、切片；锅中加水，待水沸时，放入猪心片、大骨，用中火煮净血水，捞出冲洗干净待用；在小炖盅里加入猪心片、大骨、当归、枸杞、生姜片，调入盐、胡椒粉、料酒，注入清汤，加盖入蒸笼，隔水炖约1.5小时即可。

特点：此菜富含维生素B_1、维生素B_2、维生素C、叶酸等，有利于胎宝宝的生长发育，适宜于孕早期准妈妈食用，可以促进胎宝宝的大脑发育。

枸杞鸡丁

原料：鸡脯肉300 克，枸杞30 克，鸡蛋1 个（取蛋清），荸荠、牛奶、植物油、水淀粉、盐、味精、葱末、姜末、蒜末各适量。

做法：将枸杞洗净放入碗中，上屉蒸30分钟；荸荠去皮，洗净，切成小方丁；鸡脯肉洗净，切成小方丁，放入鸡蛋清、水淀粉搅拌均匀备用；锅内倒油烧至五成热，放入鸡丁、荸荠丁及蒸好的枸杞翻炒片刻；将盐、葱末、姜末、蒜末、牛奶、味精、水淀粉勾成芡汁后浇入锅内，翻炒均匀即可。

特点：此菜富含胡萝卜素和维生素A，具有抗氧化和提高免疫力的功效。

抚摸胎教：训练胎宝宝初始的触觉发育

怎样开展抚摸（按摩、触压）胎教

准妈妈进行抚摸（按摩、触压）胎教时，可以仰卧在床上，也可以采取半仰姿势，以自身感觉舒适为宜，全身放松，呼吸均匀，双手放在胎宝宝的位置上进行抚摸。准妈妈可用双手轻抚腹部，一边抚摸一边呼唤胎宝宝的名字，还可以跟胎宝宝说话，把胎宝宝当成每时每刻和自己生活在一起的人，把自己正在做的或可以和胎宝宝一起做的事告诉他（她）。同时，准爸爸也可以选择合适且相对固定的时间抚摸胎宝宝，或用手指轻按准妈妈的腹部，把压力通过腹壁传至胎宝宝的皮肤。这样可满足胎宝宝的皮肤“饥饿感”，激发胎宝宝活动的积极性，促使其发生蠕动。

胎教准备

其实，2个月的胎宝宝已经开始有感觉了，准妈妈从第3个月开始对胎宝宝进行抚摸训练，能激发胎宝宝活动的积极性，增强其体质，同时有益于胎宝宝的智力发育。

胎教实施

孕3月抚摸胎教的具体手法：双手从上而下、从左至右，轻柔、缓慢地抚摸胎宝宝，心里默想：宝宝，妈妈爱你！

注意事项：首先，抚摸及按压时动作要轻柔，以免用力过度引起意外。其次，有些准妈妈在孕中、晚期经常会有一阵阵的腹壁变硬现象，这可能是不规则的子宫收缩造成的，此时千万不可进行抚摸胎教，以免导致早产。最后要提醒的是，如果准妈妈之前有不良产史，如流产、早产、产前出血等，则不宜使用抚摸胎教。

在触压、抚摸胎宝宝时，准妈妈要随时注意胎宝宝的反应。抚摸一般可在傍晚胎动频繁时进行，每天1～2次，每次5～10分钟。

胎教效果

这种练习不仅能训练胎宝宝的触觉，还可以提高胎宝宝的反应能力使之出生后反应灵活。准妈妈坚持触压可以尽早激发胎宝宝的触觉，也可以为日后的运动胎教打下基础。

但要注意的是，有流产或早产先兆的准妈妈不宜进行抚摸训练，早期腹痛者也不能用此方法。

对话胎教：

用沟通促进胎宝宝身心发育

胎教准备

胎宝宝长至3个月时，准妈妈就可以对他（她）进行对话胎教。通过动作和声音与腹中的胎宝宝进行对话，是一种积极有效的胎教手段。在对话过程中，胎宝宝能够通过听觉和触觉感受到来自准妈妈爱的呼唤，这对促进胎宝宝的身心发育十分有利。

胎教实施

准妈妈每天定时与胎宝宝讲话，刚开始时，每次3分钟左右。

准妈妈可以采取坐姿或卧姿，保持心情愉快，面带微笑；对话的内容不宜太复杂，应简洁明了。

在实施对话胎教时，可根据生活场景的变化而改变对话内容，最好每次都以相同的句子开始和结束，以加强胎宝宝的印象。

比如，可以对胎宝宝说："宝宝，快醒醒，睡得舒服吗？""宝宝，早上好！""宝宝，妈妈（爸爸）爱你！""宝宝，好好休息吧。"等等。

进行对话胎教时，吐字要清晰，声音要柔美，语调要缓和。

胎教效果

胎宝宝只能感知声音的波长和频率，还没有对世界的认识，不懂得谈话的内容，而且他（她）并不是完全用耳朵听，而是用他（她）的大脑来感觉，从而感知母体的情绪。所以，准妈妈要集中精力，排除杂念，心中只想着腹中的胎宝宝，把胎宝宝当成一个面对面的宝宝，进行对话。

准妈妈与胎宝宝对话，可以触动胎宝宝最初的意识，为后面进一步的语言胎教打下基础。

音乐胎教：

培养准妈妈孕早期的平和情绪

胎教准备

怀孕3个月时，大多数准妈妈仍会有妊娠反应，出现呕吐、眩晕等不适症状，这些通常都会将准妈妈折腾得心情忧郁、烦躁。准妈妈情绪不佳和心理不平衡会直接影响胎宝宝的生长发育，所以这时最重要的是培养和保持准妈妈的好情绪。而音乐胎教，就是为了让准妈妈的情绪得到平静，使胎宝宝在早期的生长过程中能健康发育。

胎教实施

孕3月准妈妈可聆听一些使人平静的音乐，如民族管弦乐曲《春江花月夜》、琴曲《平沙落雁》等，这类作品旋律优美、音调柔和，富有诗情画意。准妈妈在聆听的时候不要仅仅满足于感官欣赏，还要根据不同的乐曲产生各种不同的联想，例如，大海、波浪、潮汐和日升日落，高山、峡谷、瀑布和林间流淌的小溪，森林、草原、骏马和雪白的羊群……

胎教效果

旋律优美、音调柔和、带有诗情画意的音乐有使人平静的作用；节奏明快、轻松悠扬的动人乐曲，有舒缓心情、使人愉快的作用。所以此时准妈妈宜多听这一类音乐。音量较大、节奏感强、声音刺耳嘈杂的音乐，容易引起胎宝宝躁动不安，而且会导致母体分泌一些有害的物质，危及准妈妈和胎宝宝的健康，所以准妈妈不宜听此类音乐。

运动胎教：

轻柔运动对准妈妈和胎宝宝好处多多

对准妈妈来说，运动前一定要和医生沟通，看自己是否适合做运动，适合做什么运动以及运动多长时间。准妈妈要进行有规律的运动，然后循序渐进，逐渐增加运动量。运动前的准备工作即热身活动一定要做足，运动前准妈妈最好做些低强度的有氧运动，如散步或轻柔的舒展运动等。

练习简单的呼吸法

准妈妈躺着和坐着时可以做做简单的呼吸法。先暗示自己全身放松，要一个部位一个部位地放松，然后柔和地开始深吸气，再慢慢地、细细地、自然地呼气。呼吸时，尽可能让内心处于愉悦状态，这对调节体内血液循环、放松肌体、解除疲劳有很大作用。由于准妈妈体内的负担越来越大，容易出现腰酸背痛等不适症状，可将注意力放在腰部，暗示自己放松腰部，再进行上述的呼吸法，这样可以缓解不适。

进行有氧运动

取坐姿，双膝弯曲，两脚心相对，双手分别握住同侧的脚踝部位。

侧卧，抬起上身，抬高一条腿，并反复做屈膝练习。

准妈妈在练习过程中动作要柔和，切忌做出过激动作。另外，准妈妈还要注意保持身体平衡，腿部切忌突然从空中落下。

宝贝，
这是我们给你的第3封信

大肚照时间！

拍摄时间：

孕　　龄：

体　　重：

PART 5

胎宝宝最喜欢听准妈妈的声音

孕4月

准妈妈健康课堂：胎宝宝的心跳最动听

第一次听到你的心跳

胎宝宝的心音能测到了

妊娠13周时，用胎心仪（B超）就能测到胎宝宝的心音了。到第16周末时，胎宝宝体重达100～120克，身长达15厘米。胎宝宝的皮肤在颜色变红的同时也增厚了，脸上长出叫毫毛的细毛。

此时，胎宝宝的胳膊、腿能稍微活动了；内脏的形态发育完成，心脏大致已经形成，心脏搏动更加活跃，用超声波听诊器可测出胎宝宝的心音；消化器官、泌尿器官等已具备部分功能，并有尿意；中枢神经方面，脑部重要的记忆系统海马开始在大脑中形成，大脑将覆盖间脑并产生免疫物质；制造血液的地方由肝脏移至脾脏；脸部已完全形成，嘴亦大致发育完成；胎盘已经形成，胎宝宝与母体间的联系也更加紧密；流产的可能性大大减小，由于胎盘的形成，改善了胎宝宝营养的供给，胎宝宝的成长速度加快，胎膜长结实了，羊水也开始急速增加。

胎宝宝有时做做小动作

此时，对于外来的刺激，胎宝宝的身体仍然没有较强烈的反应。尽管胎宝宝能做开口运动，且呼吸器官也发达起来，但其肺部组织尚未具有功能。从第4个月开始，胎宝宝可听清子宫外的声音，如果突然听到很高的声音，胎宝宝会迅速做出反应。这时的胎宝宝手指、脚趾、手腕等细小器官相当发达，可以完成一些小动作，手可移至身体各部位，如摸膝盖、摸脐带、两手放在脸部的前面有节奏性地移动，还可用手挠头、挠脸等，偶尔亦做些跳跃运动。

快来看看我的小肚子

准妈妈肚子微微凸起来了

这时的准妈妈腹部微凸，但不是很明显；子宫变大、多尿、骨盆充血，并影响大肠蠕动因而常常发生便秘。此时，准妈妈乳房明显变大，要随时保持乳头的洁净，并擦上乳霜，若发现乳头凹陷进去，就需要特别注意清洁问题，还要请教医生以便及时纠正，为日后哺乳做好准备。注意在妊娠早期不要过分按摩乳房，免得诱发子宫收缩而造成流产。

准妈妈尽管有点担心，但还是很甜蜜

妊娠4个月时，早孕反应已渐渐消失，这时大部分准妈妈会将心思逐渐放到腹中的胎宝宝身上，慢慢会产生各种各样的猜测和担心：孩子是否有缺陷？长得像爸爸还是像妈妈？是聪明健康还是愚笨体弱？是男还是女？这些担心都会造成准妈妈心理上的压力。心态良好的准妈妈会在猜测中享受做母亲的甜蜜；容易紧张的准妈妈，则会在担心中增加心理负荷，从而产生悲观消极的情绪，给胎宝宝带来不良的影响。

这时的准妈妈，应以积极美好的遐想来体验做母亲的愉悦和保持对未来生活的憧憬，消除对胎宝宝不利的想法，也消除自己的心理负担。

孕中期准妈妈的健康不可忽视

重视妊娠期糖尿病筛查

妊娠期糖尿病对母体和胎宝宝危害大

妊娠期糖尿病多发生在怀孕3个月后，分娩后大部分准妈妈可恢复正常。妊娠期糖尿病的发病率高达6%，对母体和胎宝宝的健康有很大的影响。

1. 增加孕期疾病的发生：增加孕期并发症、妊娠高血压综合征的发生率；造成感染增多，如肾盂肾炎、无症状菌尿、皮肤疖肿、伤口感染、产褥感染、乳腺炎等。

2. 造成胎宝宝宫内发育迟缓：会引起胎宝宝宫内窘迫，窒息率增加，严重的还会发生缺血、缺氧性脑病，产生神经系统后遗症。

3. 造成巨大儿：患妊娠期糖尿病的准妈妈孕育巨大儿的概率增加，使难产、产伤和胎儿死亡概率增加；并有产程延长的可能，还会出现产程停滞和产后出血等；剖腹产率和胎儿畸形率增加。

重视妊娠期糖尿病筛查

导致妊娠期糖尿病发病的原因是多方面的，肥胖、饮食结构不合理是常见原因。因此，准妈妈除了要注意饮食搭配合理、适当控制体重外，早期健康筛查、及早诊断出妊娠期糖尿病，及早干预治疗，将大大提高孕妇围产期的安全性，降低新生儿患病率及死亡率。

正常妊娠而无高危因素的准妈妈应在孕24～28周时采血化验筛查，而带有高危因素的准妈妈首诊时就应该接受筛查。具体筛查方法：经过75克口服葡萄糖耐量试验，测出空腹、服糖后1小时、2小时的血糖浓度，若发现其中任何一项数值达到或超过标准值时（空腹，5.1毫摩尔/升；服糖后1小时，10毫摩尔/升；服糖后2小时，8.5毫摩尔/升），则可诊断为患妊娠期糖尿病。

患妊娠期糖尿病准妈妈的饮食

控制饮食量：米、面的摄入量按照糖类占总食物摄入总量的55%的比例摄取；平时要少吃多餐，保证24小时的血糖浓度维持在相对平稳的水平。

控制高糖食物的摄入量：一定要限制糖、多糖水果的摄入量等。

控制盐的摄入量：一定要限制盐的摄入量，尽量吃清淡的食品。

保证蛋白质摄入充足：饮食中要摄入充足的蛋白质，确保蛋白质摄入量占总热量的25%，多吃肉、蛋、牛奶等。

保证维生素摄入充足：多吃蔬菜、低糖水果、牛奶等。

保证矿物质摄入充足：多吃富含矿物质的食品，如虾皮、海带及果仁等。

孕中期的特别护理

保持阴部清洁

怀孕后，准妈妈孕激素水平的变化会引起阴道内pH的变化，阴道分泌物可能会增多，阴道的气味也会发生改变。而且随着妊娠的进展，尤其进入孕中期后，阴道分泌物会变得相当多。所以，保持生殖器官的卫生很重要。

准妈妈要注意保持外阴清洁，坚持每天用温开水清洗外阴；为防止交叉感染，要准备专用的水盆和毛巾；大便后，注意要从前向后擦拭，以避免将肛门周围的大便和不洁物带入阴道；每天换洗内衣裤，洗净的内裤要在阳光下暴晒；避免穿紧身内衣和化纤类内裤，保持阴部的透气和干燥。

注意观察白带

如果分泌出的白带是乳白色或浅黄色，并且无味，就说明是正常的生理现象，不必担心；如果白带增多的同时，还伴有颜色和性状的改变，甚至出现臭味和外阴瘙痒，就应该立即去医院检查和治疗。

防治便秘

准妈妈怀孕后由于体内孕激素增多，使肠道肌肉松弛；胃酸分泌减少，胃肠蠕动减缓，食物排空时间延长；加之子宫压迫肠道，从而使大便易结块，出现排便不畅，导致便秘。如果便秘了准妈妈可以通过调理饮食、纠正不良饮食习惯来改善。可试试以下几种方法：

多喝水：坚持每天早晨空腹喝一杯温开水，饭后服用铁剂并喝水，适当喝一些蜂蜜水。

多摄入膳食纤维：多吃富含膳食纤维的蔬菜、水果以及芝麻、核桃等润肠食物。注意饮食调理，避免食用辛辣及易胀气的食物。

养成每天定时排便的良好习惯：有排便意识时应立即排出，不要强忍。

适当运动，保证健康的生活方式：多散步，以帮助肠蠕动；减少久站和久坐的时间，保持血液循环畅通；保证充足的睡眠，身心放松。

多元胎教时光：开始语言胎教的最佳时期

准妈妈膳食要补钙

胎教准备

准妈妈怀孕的第4个月，是胎宝宝进入生长发育较快的阶段。此时，胎宝宝骨骼和大脑的发育需要大量的磷、钙，一定量的碘、锌和各种维生素及大量的蛋白质，而准妈妈也需要补充蛋白质供给子宫、胎盘和乳房。

本月胎盘已形成，流产的可能性明显减小，加之早孕反应自然消失，准妈妈身体和心情舒爽多了，但白带增多、腹部沉重感及尿频现象依然存在。腹中胎宝宝的身体各个器官和组织液开始进入迅速发展期，即几乎以每天增重1克的速度在增长，对营养物质的需求非常大。

科学研究证明，胎宝宝大脑细胞的数量和结构与未来宝宝的智力水平密切相关，如果在此时期营养不良，则可使胎宝宝脑细胞增殖减慢，甚至停止分化，所以，准妈妈须充分且均衡地摄取各种营养。

胎教实施

具体地说，准妈妈的饮食每天要荤素、粗细搭配，多吃豆制品，多吃高热量的食物，多吃大米、面粉等主食，最好每天能达到400克以上，并要适当吃些玉米、小米、麦片等杂粮，做到粗细搭配；除每天进食牛奶、豆奶、豆制品、海带、紫菜、虾皮等食物进行补钙外，还应增加户外活动，如散步、多晒太阳等，以增加体内维生素D的含量，帮助钙的吸收。

准妈妈还应进食足量的新鲜水果和蔬菜，以补充胡萝卜素和维生素C，每天最好摄入500克蔬菜，蔬菜不足的季节可吃些豆芽以补充维生素C，防止由于子宫逐渐膨大，压迫肠道而引起便秘。此外，这期间的饮食宜清淡，要吃些汤汁以补充水分。

因为胎宝宝发育所需要的钙全部来源于母体，准妈妈体内现有的钙有相当一部分要进入胎宝宝体内，如果准妈妈钙摄入不足，会对胎宝宝及准妈妈自身产生较大的影响。轻度缺钙时，机体会调动母体骨骼中的钙来维持血钙的正常水平；严重缺钙时，准妈妈会出现腿抽筋的现象，甚至引起骨软化症。母体缺钙还会对胎宝宝的生长发育产生不良影响，孩子出生后容易出现颅骨软化、骨缝宽、囟门闭合延迟等异常现象。一个成熟胎宝宝体内约含钙30克。《中国居民膳食营养素参考摄入量》对孕中期女性钙的推荐值为每日1000毫克，孕晚期为每日1200毫克。

胎教效果

怀孕第4～6个月，有些准妈妈会随着妊娠月份的增长而发生小腿抽筋，这主要是由体内血钙水平降低所致，因此这阶段准妈妈需要多补充含钙丰富的食物，增加蛋白质尤其是优质蛋白质的摄入量，以满足自身和胎宝宝迅速生长的需要。

语言胎教：
建立胎宝宝的语言最初记忆

念读适宜的诗歌

秋天到 / 佚 名

枫树叶，穿红袄；银杏叶，穿黄袄；杨柳叶，随风飘。
我知道，我知道，准是秋天来到了。

云儿 / 佚 名

云儿、云儿，轻又轻，随着风儿去旅行。
有时像棉絮，有时像鱼鳞……
到底像什么？
我也说不清。

小纽扣 /（台）林焕彰

我喜欢弄脏衣服，要常常换洗；
妈妈缝在我身上的小纽扣，
那些小纽扣，
就一颗颗地脱落。
哦！童年，
已经找不回来了，
像妈妈缝在我身上的那些小纽扣。

孩童之道 /（印）泰戈尔

只要孩子愿意，他此刻便可飞上天去。

他所以不离开我们，并不是没有缘故。

他爱把他的头倚在妈妈的胸间，他即使是一刻不见她，也是不行的。

孩子知道各式各样的聪明话，虽然世间的人很少懂得这些话的意义。

他所以永不想说，并不是没有缘故。

他所要做的一件事，就是要学习从妈妈的嘴唇里说出来的话。那就是他所以看来这样天真的缘故。

孩子有成堆的黄金与珠子，但他到这个世界上来，却像一个乞丐。

他所以这样假装了来，并不是没有缘故。

这个可爱的小小的裸着身体的乞丐，所以假装着完全无助的样子，便是想要乞求妈妈的爱的财富。

孩子在纤小的新月的世界里，是一切束缚都没有的。

他所以放弃了他的自由，并不是没有缘故。

他知道有无穷的快乐藏在妈妈的心的小小一隅里，被妈妈亲爱的手臂所拥抱，其甜美远胜过自由。

孩子永不知道如何哭泣。他所住的是完全的乐土。

他所以要流泪，并不是没有缘故。

虽然他用了可爱的脸儿上的微笑，引逗得他妈妈的热切的心向着他，然而他的因为细故而发的小小的哭声，却编成了怜与爱的双重约束的带子。

语言胎教要选择语言简明、富有画面感的内容

准父母在对胎宝宝进行语言胎教时，最好选择那些语言简洁、画面形象丰富、蕴含色彩的作品。

语言胎教可以在轻松愉快的环境中进行，准父母选择一些简洁明了的短文、儿歌、童谣、故事等对胎宝宝进行讲述。由于准爸爸的声音更为低沉和醇厚，所以胎宝宝尤其喜欢“听”准爸爸的朗读，因此我们建议，准爸爸要多给胎宝宝朗读一些优美的文章和短语，把胎宝宝带入一个充满意境的美妙世界。

当准妈妈外出散步、买东西、郊游、参观时，要善于与周围的人微笑相

处，这样做可以帮助准妈妈捕捉到生活中充满不少乐趣的新话题，以便有情感、绘声绘色地对胎宝宝讲述。诸如人们生活中的友善相处、自然界不同季节的变化、动物的生态情况等，让胎宝宝在准妈妈体内生长的过程中，逐渐熟悉自然界及人类社会的知识，让胎宝宝对自己将要降临的世界有所感觉。

胎教准备

在胎宝宝4个月大时，其大脑还在进一步发育，为了促进胎宝宝大脑的更好发育，并强化胎宝宝对语言的最初感觉，此时准妈妈需要用语言直接进行胎教。

胎教实施

第4个月进行的语言胎教主要包括放录音给胎宝宝听，为胎宝宝讲故事。

给胎宝宝放录音时，可选择词汇简洁、生动、形象的小故事、儿歌、民谣等；在为胎宝宝讲故事时，准妈妈可以任意发挥，根据自己的生活编些小故事或读故事书，句子宜简单，内容宜短，轻快和谐。内容压抑、恐怖的故事不要给胎宝宝讲。讲故事时，准妈妈要用亲切温柔的语调，把胎宝宝当成一个大孩子，声音要和缓，吐字要清晰，要充满爱心地娓娓道来。语言胎教每天可进行1～2次，每次10分钟左右，要在胎宝宝醒着（即有胎动）时进行。

胎教效果

准妈妈对外界事物的感觉都能通过某种途径巧妙地转化为信息刺激，直接作用于胎宝宝。所以，准妈妈如果能抓住这个最早的教育时期，加强与胎宝宝之间的交流，给予语言的良性刺激，就会影响胎宝宝的精神世界。

抚摸胎教：刺激胎宝宝的早期身体反应

胎教准备

早在怀孕第7周时，胎宝宝就开始了自发的“运动”，如吞咽、咂嘴、握拳等。从这时起，准妈妈要适时、适当地帮助胎宝宝进行按摩刺激和训练。

胎教实施

抚摸胎教的具体做法：准妈妈仰卧，全身放松，先用手在腹部来回抚摸，然后用手指轻按腹部的不同部位，并观察胎宝宝有何反应。开始时动作宜轻，时间宜短。每次时间以5～10分钟为宜。

温馨小提示

胎教理论主张对胎宝宝进行运动训练，这可以激发胎宝宝运动的积极性，促进胎宝宝身心发育，但运动量一定要适当。凡是在母体内受过运动训练的胎宝宝出生后翻身、爬行、坐立、行走及跳跃等动作都明显地早于一般的宝宝。对胎宝宝进行运动训练，有些准妈妈表示担心，认为锻炼会伤害胎宝宝，其实在4个月时胎盘已经很牢固了，而且环绕着胎宝宝的羊水对于外来的作用力具有缓冲作用，可以保护胎宝宝。所以准妈妈对胎宝宝进行运动训练时并不会直接碰到胎宝宝。

胎教效果

准妈妈可以适时、适当地进行一些按摩的刺激，促进全身血液循环，增加胎盘供血，不仅有利于胎宝宝的健康发育，还可促进胎宝宝的身体刺激反应。在胎宝宝生长发育的必经之路上，胎宝宝的全身骨骼、肌肉和各器官在运动中可以不断受到锻炼和发展，能让胎宝宝在运动中逐渐健康长大。

名画赏析

欣赏《日出·印象》（法国莫奈）

《日出·印象》是印象派绘画的代表作之一。《日出·印象》展出后，受到社会的公开攻击。那位以“印象”来讽刺这幅画的《喧嚷》周刊的记者路易·勒鲁瓦，指责莫奈的画是“对美与真实的否定”。可谁知这个名称却从此彪炳画史，变成了一代画风中最具号召力的符号。

作品欣赏

《日出·印象》是莫奈描绘勒阿弗尔港口的一个多雾的早晨的景象。在晨曦的笼罩下，海水呈现出橙黄色或淡紫色，天空被各种色块所渲染，水的波浪也由厚薄、长短不一的笔触组成，3只小船在色点组成的雾气中显得模糊不清，远处工厂的烟囱、大船上的吊车……一切都依稀在模糊的色点中。

胎教提示

欣赏这样一幅朦胧的画面，准妈妈需要体会的是画面中透露出来的柔美和恬静，以此来渲染自己的心情，使躁动的心灵回归宁静。

准爸爸要努力做个开心果

胎教准备

这个时期，准父母除了实施上述胎教方法以外，还应继续展开前阶段所实施的抚摸及对话胎教。这个阶段的抚摸和对话胎教，需要准爸爸的积极参与。

胎教实施

抚摸和对话胎教最好结合进行。对话的内容可与实际生活联系在一起，以简单轻松为原则。如每天清晨，准妈妈可以一边抚摸肚皮，一边说：“该醒醒了，宝贝！”梳洗时，准妈妈可以向胎宝宝描述当天的天气：“今天的太阳真亮，空气中传来花香。”喝牛奶时，准妈妈可以向胎宝宝介绍：“浓浓的牛奶真香。”散步时，准妈妈可以一边走一边对胎宝宝解释：“小鸟在歌唱，小草在舞蹈，风暖洋洋的。”还可以由准爸爸轻轻抚摸准妈妈的腹部，对胎宝宝说：“宝宝，爸爸来看你了。把小手伸出来，小脚丫蹬一蹬……”

胎教效果

对于准妈妈而言，与胎宝宝的沟通严格地说从怀孕第1天就开始了，母体与胎宝宝之间的生理信息、行为信息、情感信息早已有了双向传递，它们相互影响，相互作用。而准爸爸直到准妈妈妊娠4个月有了胎动以后，才能逐渐感到准妈妈腹内胎宝宝的存在，这时就需要准爸爸用手温柔地贴着准妈妈的腹部，细细地抚摸准妈妈腹中的小生命，让他（她）在准爸爸的引导下踢腿、翻跟斗、做仰卧起坐；这时还需要准爸爸轻轻地对着准妈妈的腹部呼唤，向腹中的小生命问好。准爸爸温柔的说话声，可以刺激胎宝宝的听觉发育，也可以增强胎宝宝的舒适感。准爸爸如果能时常以温柔的声音和胎宝宝说话，让胎宝宝在母体内便开始记忆父亲的声音，可以让胎宝宝有“被爱”的感觉。

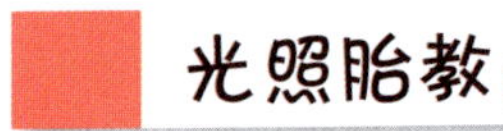

光照胎教：

适度刺激胎宝宝视觉发育

胎教准备

胎宝宝的视觉在怀孕第13周时就已经开始发育了。到怀孕第4个月时，胎宝宝对光线已经非常敏感。但是由于胎宝宝在胎龄25周前一般不愿睁开眼睛，所以，这个月进行光照胎教只是为了适度刺激胎宝宝视觉的早期发育。

胎教实施

光照胎教的具体做法：在温室内将腹部袒露，将手电筒光线照射在准妈妈的腹部上，每次5分钟左右。结束前可反复多次开、关手电筒，让胎宝宝有个适应的时间，以减少对胎宝宝视力的不良刺激，切忌光线太强。

大多数时候，可以用各种颜色的彩灯，先后照向腹部，1～2分钟转换1次，而且灯光要活跃，由近而远，逐渐形成多种形式。

准妈妈也可以迎着阳光散步，让温暖柔和的太阳光线直射在腹部。

胎教效果

经过坚持不懈的光照胎教，到了怀孕后期，可发现胎宝宝眼球活动次数会随着光线的变化而增加，心率也会出现明显变化。

宝贝，
这是我们给你的第4封信

大肚照时间！

拍摄时间：

孕　　龄：

体　　重：

PART 6
在语言胎教最佳期
和你聊个不停

孕5月

准妈妈健康课堂：孕态初显，越来越像个孕妇

宝贝，你是美女还是帅哥？

胎宝宝分出男女了

到第5个月初的时候，通过观察胎宝宝阴部已经能明显辨认出胎宝宝的性别了。从第5个月开始胎宝宝的成长速度很惊人，身长能长到18～27厘米，体重可高达250～300克。胎宝宝开始长头发、眉毛、指甲，全身长出胎毛，皮肤渐渐呈现美丽的红色。此时，胎宝宝皮肤的触觉较灵敏，皮下脂肪开始沉着；外耳、胃部出现制造黏液的细胞，体内基本构造已到了最后完成阶段。

胎宝宝在活动

这个阶段的胎宝宝已能做些精细的动作。两手能在脸部前方相握，做抓手运动、跳跃运动；手还能不时地抚摸自己的脸；手指可以触摸嘴唇而产生反射动作——开口动作，渐渐地由反射动作转为自然的动作；脚可以踢到子宫壁，可以在羊水内频繁地改变身体姿势，玩耍。这时，准妈妈会感到明显的胎动。胎宝宝脑的记忆系统开始启动，能够记住频繁入耳的准妈妈的声音。

终于有点孕妇的样子了！

准妈妈的腹部渐渐隆起

这个月末准妈妈子宫已提升至肚脐附近的位置，腹部逐渐地隆起，这段时间是妊娠中最安定快乐的时期。有些准妈妈已能感觉到胎动现象，从未生

过孩子的准妈妈能感觉到胎动的时候可能会稍晚些（有的要到20周左右才能感觉到）。此时，准妈妈的子宫像一个成人的头一样大小，子宫底的高度位于耻骨上方15～18厘米处，准妈妈的乳房和臀围也开始明显变大，皮下脂肪渐渐增厚，体重增加。

妊娠期，准妈妈的体重会平均增加11千克，其中5千克是胎盘、羊水、胎宝宝的重量，而剩下的6千克则是准妈妈的腰部脂肪、乳房肥大、血液增加等的重量。一般来说，妊娠前至妊娠后期体重的增加，最理想是在10千克左右。准妈妈在妊娠早期时，体重没有明显增加；妊娠至第4个月时，体重才开始逐步增加；妊娠至第7个月（第28周）时，体重应增加5千克以上才正常。妊娠至19周时，有些准妈妈阴道内会分泌出像水一样的黏液，这一般是假羊水。若羊水太多，胎宝宝会在子宫内频繁活动，这反而对准妈妈不好，因此部分羊水自溢而出对准妈妈是有利的，不需要住院治疗。

准妈妈感到有点害羞

怀孕至5个月时，大部分准妈妈小腹已微微隆起并能看出来，这时有些准妈妈常会产生害羞的心理，不想将孕身示人，有时甚至会因外观上的变化造成心理上的紧张和失衡，还有些准妈妈此时仍不能从孕早期低落、忧郁的心境中走出来，总感到烦闷、沮丧，打不起精神。

根据英国妇产科学界的报告，母体的高血压将对胎宝宝产生负面影响。这时的准妈妈若仍然情绪紧张，就会造成血压升高，进而加剧对胎宝宝的不利影响。而且，忧郁的情绪持续一段时间后，会造成准妈妈失眠、厌食、性功能减退和自主神经紊乱等后果，并导致体内血液中调节情绪和大脑的各种功能的物质含量偏低，直接影响到胎宝宝的正常发育。

对于准妈妈而言，千万不能钻进不良情绪的牛角尖，要主动找一些自己喜爱的事情做，如唱歌、看电影、与朋友聊天等；多和乐观、开朗的人接触，心中有烦闷就要倾诉出来，随时分散自己对烦恼事情的注意力，这样才有利于情绪调节，也有利于胎宝宝的发育。

孕中期缓解不适有良策

腰背疼痛不是病

准妈妈在孕中期出现腰背疼痛是一个很平常的现象，轻者腰酸背痛，重者还伴有腿抽筋、坐骨神经痛等症状。

一般来说，准妈妈在孕中期的腰背疼痛，多半是因为胎宝宝的迅速成长，导致子宫不断增大、身体重心前移，为了保持身体平衡，准妈妈都会情不自禁地采取昂首挺胸的姿态，因而引起脊柱过度前凸弯曲，背伸肌持续紧张，时间久了腰背部就会过度疲乏，造成腰酸背痛。另外，这也与准妈妈体内激素水平变化引起韧带松弛有一定的关系。一般来说，这时的腰背疼痛不是疾病，准妈妈大可不必惊慌失措，只要休息后症状即可减轻。通常，准妈妈可以采取以下措施：

多休息。对抗腰酸背痛的最好办法是多休息。不能干粗重的活，如洗衣服、登高拿放东西、提重物等；最好每工作1小时放松10分钟左右；每次散步或走路时间要控制好，不宜过长，将自己的活动量控制在体力能承受的范围之内，避免长时间站立和步行。

不要长时间弯腰。长时间弯腰也是准妈妈忌讳的动作，如果不得不弯下身子，可以尽量保持上身直立，用慢慢下蹲来代替弯腰。

享受局部按摩。可以让准爸爸在家帮准妈妈做腰背的局部按摩操，准妈妈可以同时伸开双臂做深呼吸，以减轻症状；另外，也可以用热毛巾、纱布和热水袋做局部热敷，每天半小时的热敷也可以减轻疼痛的感觉。

做产前运动操。遵照医生的指导做适量的产前运动操，也能缓解疼痛的感觉。

补充维生素。在孕中期，由于胎宝宝的快速发育，很容易造成准妈妈缺乏各种营养素，特别是钙、维生素和铁等，这些营养素一旦缺乏就很容易引起腰痛。所以，当腰痛伴有腿抽筋、坐骨神经痛等症状时，准妈妈除了要赶快补充钙和维生素B_1外，还要及时看医生，进行治疗，以免对胎宝宝造成不利的影响。

不安的瘙痒

有的准妈妈从孕中期开始出现皮肤瘙痒，严重时会出现皮肤、巩膜发黄，影响休息，令人不安，直到分娩后瘙痒的症状才会逐渐消失，这就是妊娠皮肤瘙痒症。一般认为，这种皮肤瘙痒症跟准妈妈怀孕时体内高浓度的性激素有关，大量雌激素会损害肝脏的排泄能力而导致肝内胆汁淤积，极少数的人会出现黄疸现象。

妊娠期皮肤瘙痒症是准妈妈怀孕期间最常见的皮肤问题之一，一般遵医嘱口服药物治疗，补给脂溶性维生素。

令人烦恼的妊娠纹

大多数准妈妈在妊娠中期，乳头、乳晕、腹正中线及阴部皮肤颜色会加深，深浅的程度因人而异。部分准妈妈在怀孕4个月后，脸上还会出现色斑，也可见于前额部，呈蝴蝶形，称为妊娠斑，俗称“蝴蝶斑”。

妊娠斑（蝴蝶斑）是由怀孕期间激素分泌改变而造成的。妊娠斑的出现属于妊娠期生理性变化，不必担心，也不需要特殊治疗。正常情况下，生产后妊娠斑会慢慢减轻，或在生产后3～6个月内会逐渐消失。

在妊娠中期，准妈妈的腹部、乳房、大腿等部位比怀孕前明显增大，皮肤过度绷紧，超过正常的弹性，导致这些部位皮肤弹力纤维断裂，露出了皮下血管的颜色，形成了妊娠纹。妊娠纹呈红色，出现在大腿、腹部或乳房等部位。妊娠纹一般发生在孕中期、孕晚期，是一种生理变化，一旦出现，妊娠纹很少完全消失，而是颜色变浅，成为细的、有银色光泽的条纹，但不损害健康。以下措施可以帮助准妈妈避免妊娠纹的形成。

避免日光照射。由于日光照射可使妊娠斑加重，因此准妈妈应注意避免日光的长期照射。夏日外出应戴遮阳帽，涂防晒霜（比通常厚一点），避免阳光直射皮肤表层。

注意皮肤保健。沐浴时，坚持用冷水和热水交替冲洗相应部位，促进患部的血液循环，沐浴后在可能发生妊娠纹的部位涂上保护油脂；经常对皮肤进行适当的按摩，增加皮肤的弹性；选择对皮肤刺激少的护肤品，不宜浓妆艳抹。

营养胎教：

重点补铁、补钙、补蛋白

胎教准备

妊娠中期，准妈妈的血色素是110～120克/升，到妊娠第8个月时，则往往降至约100克/升。为保证准妈妈的血色素含量，从妊娠第5个月左右起，就要开始食用富含铁质的食物，这时期的准妈妈每天需要20～30毫克的铁质。

妊娠中期，胎宝宝的生长速度很快，需要大量的蛋白质，如果准妈妈蛋白质摄入量不足会影响胎宝宝的生长发育。所以，准妈妈要注意及时补充蛋白质。

准妈妈怀孕5个月后，每天对钙的需求量有所增加，准妈妈补钙最迟不要超过怀孕20周，因为这个阶段是胎宝宝骨骼形成、发育最旺盛的时期。一般来说，孕中期钙的供给量要比孕早期有所增加，每天应摄入1500毫克钙才能达到平衡。

胎教效果

为了防止出现贫血，准妈妈应多吃含铁丰富的菜、蛋和动物肝脏等，以防止发生缺铁性贫血。此外，要保证营养全面，使体重正常增长。

奶、蛋、肉、鱼及乳制品富含动物蛋白，豆类、谷类及部分蔬菜则富含植物蛋白，准妈妈最好将这两类食物搭配食用，这样才能获得全面必需的蛋白质，以满足胎宝宝和准妈妈的需要。

钙是人体内含量最多的一种矿物质，它不仅是构成骨骼组织的主要矿物质成分，而且在机体各种生理和生物化学过程中起着重要作用。钙是维持神经功能及肌肉伸缩力所必需的元素，正常人如果缺钙，就可能导致神经肌肉应激性增强而发生小腿抽筋，严重时可使骨骼变得软化，甚至牙齿脱落。如果准妈妈缺钙，就有可能出现钙代谢平衡失调。准妈妈在妊娠中期缺钙，可导致胎宝宝患先天性佝偻病；胎宝宝出生后，很容易发生新生儿先天性喉软骨软化病，导致新生儿喉的入口处易阻塞，这对新生儿健康是十分不利的。此外，准妈妈补钙还可预防妊娠高血压综合征的发生，并防止产后出现腰椎和下肢疼痛，甚至骨质疏松的症状。

只要不是特殊体质，准妈妈平日多吃些含钙丰富的食物，是完全可以得到所需的钙量的。如果妊娠期准妈妈额外大量补钙，有可能引起高钙血症，甚至导致结石。

胎教营养餐

姬菇牛肉

原料：姬菇35克，牛肉30克，生姜5克，花生油8克，盐4克，蚝油3克，香油1克，水淀粉适量。

做法：将姬菇去根、洗净，牛肉去筋、切片，生姜去皮、切片；牛肉片中加入适量的盐、水淀粉，混合后静置5分钟；烧锅下花生油，加入牛肉片滑炒至八成熟，倒出待用；另烧锅下花生油，加入姜片、姬菇、少许盐炒至八成熟，然后加入牛肉片，调入蚝油，翻炒数次，用水淀粉勾芡，淋入香油即可。

梅子鸡

原料：鸡腿1只，紫苏梅8粒，大蒜10粒，葱末、姜末、辣椒末各适量，花生油、料酒、白糖各1大匙，酱油1.5大匙，梅汁1/4杯，水1杯。

做法：将鸡腿洗净，沥干水后剁成块状，大蒜去膜，然后将两者一同放入油锅炸至微黄，盛出，将油沥干；锅中加入1大匙花生油，爆香葱末、姜末、辣椒末，再加入鸡腿块、蒜、紫苏梅及所有调味料和水，待汤汁煮沸后，改小火焖煮至汁收干即可。

游戏胎教：

每天互动可以促进胎宝宝最初的运动发育

胎教准备

准妈妈在妊娠5个月时，已经可以明显感受到胎动，也就是说，准妈妈的日常行为与胎宝宝之间的联系更加紧密，这时就可以开始对胎宝宝进行游戏胎教了。

胎教实施

游戏胎教的具体做法：当胎宝宝无意中踢到准妈妈的腹部时，准妈妈应马上在被胎宝宝踢过的部位轻 轻拍几下，并对胎宝宝温柔地说话。如此反复，胎宝宝一踢，准妈妈就拍相应部位。

胎教效果

刚开始时，胎宝宝对准妈妈的拍打会没有反应，甚至会远远地避开。准妈妈拍了几次后，胎宝宝渐渐会感觉到准妈妈对自己的“问候”，就会做出反应。当胎宝宝和准妈妈建立了某种联系以后，准妈妈可以主动在胎宝宝醒着的时候去拍打他（她），胎宝宝接受了准妈妈的“游戏”后，自然会在准妈妈拍打过的部位踢上一脚。然后准妈妈可以换个地方与胎宝宝做游戏，胎宝宝也会跟着准妈妈换地方踢。久而久之，准妈妈和胎宝宝就做起“游戏”来了。

推荐游戏

与胎宝宝玩纸牌配对游戏。本月正是胎宝宝大脑发育较快的时期，准妈妈应该从本月起就培养胎宝宝的联想潜能，这对宝宝未来的学习具有很大帮助。首先，准妈妈要准备一些纸张或卡片，然后找一些图片贴在卡片上，做成索引卡，索引卡的内容要属于同一类，如一个苹果与一根香蕉，一辆轿车与一架飞机，一只鹦鹉与一只巨嘴鸟……接着，将所有的卡片放在一起，并让有图的面朝下，洗牌后随机翻开两张卡片，并判断卡片上的物体是否属于同一类，如果不属于同一类，则将卡片原样放回，然后再翻开两张，如果属于同一类，说明配对成功，可以将这两张卡片拿走，另放一边。

随着游戏的进行，卡片被一张一张地翻开。对每一张卡片的位置记得越清楚，成功配对的概率越大。有时选的一张卡片可以有不同的配对方式。例如，有四样东西：轿车、火车、飞机及云。设计前的原意是将飞机与云配对，因为它们同属于天空，所以翻开“飞机”与“云”时把它们配成一对。但飞机又可以与轿车或火车配对，因为它们同属于交通工具。

运动胎教：准妈妈徒手操帮助胎宝宝肢体活动

帮助胎宝宝做“体操”

整个孕期对胎宝宝进行运动能力的训练相当重要，在胎宝宝5个月时尤其要加强其肢体功能的训练。

这个时期胎宝宝在准妈妈体内的活动很丰富，会做的动作有吞吐羊水、眯眼、咂拇指、握拳头、伸展四肢、转身、翻筋斗等。这时，准妈妈除了靠抚摸、触压等方式来和胎宝宝沟通信息、交流感情外，还应适当地帮助胎宝宝做“体操”。

准妈妈帮助胎宝宝“做操”应选择在胎宝宝精神良好的时候进行。至于什么时间胎宝宝精神状态良好，一般认为是早、晚两个阶段，每次时间不要太长，以5～10分钟为宜。

准爸爸也可经常用手轻轻抚摸准妈妈的腹部，帮助胎宝宝“做操”，同时与胎宝宝细语交流，尽早地让胎宝宝熟悉准爸爸的声音，与未见面的小宝宝建立联系，加深感情。

现代医学研究表明，胎宝宝在准妈妈子宫内活动的差异，预示着胎宝宝出生后活动能力的强弱。在正常情况下，进行过运动胎教训练的胎宝宝，出生6个月后，要比其他婴儿的活动能力更强些。

胎教准备

准妈妈在怀孕5个月时，可以选择合适的运动方式进行运动。适当的运动可以提高准妈妈的身体素质，提高免疫力，还能帮助准妈妈顺利分娩。

胎教实施

准妈妈在孕期进行运动也是运动胎教的一个重要内容。准妈妈在孕期的不同阶段可以选择运动量不等的运动方式，比如做孕妇操、孕妇瑜伽、户外散步和适度游泳等。

适当的运动有益于准妈妈和胎宝宝的健康，但准妈妈在运动前一定要听取医生的意见，要清楚孕期的哪些阶段可以运动，哪些阶段根本不能运动，以及哪些运动方式适合准妈妈。准妈妈适合做什么运动以及运动量的大小，也都要根据自身身体状况而定，不能一概而论。

在孕期保持积极的锻炼，对胎宝宝的健康和调整准妈妈的情绪、体能和力量都有很大的好处。但是准妈妈要避免参加那些容易摔跤或失去平衡的运动，例如骑马、骑车、滑雪或打网球；不要搬重物或进行负重的运动；妊娠20周之后，不要尝试任何特别的运动，如仰卧起坐，这种运动会压迫主要血管，影响血液到子宫的输送。

准妈妈在进行自身的运动胎教时，要注意观察自己的心跳频率，保证每分钟不能高于140次。

背部运动

平躺，膝盖弯曲，双脚底平贴地面，同时下腹肌肉收缩使臀部稍微抬离地板，然后再放下。做运动的同时配合呼吸，先从鼻孔吸入一口气，然后自口中慢慢吐气，吐气时将背部压向地面至收缩腹部，放松背部及腹部时再吸气，吐气后会觉得背部比以前平坦。

每天1～2次，每次20遍。

训练骨盆底部肌肉运动

坐在地板上，两足在脚踝处交叉，轻轻地把两膝向下推，或两足底相对合在一起，并向下轻压两膝。

每天1～2次，每次20遍。

伸展大腿的肌肉运动

方法一：平躺，两手置于身旁两侧，做一个廓清式呼吸（即深吸一口气，再用力吐出一口气）。慢慢抬起右腿，脚尖向前伸直，同时慢慢从鼻孔吸入一口气，注意两膝要伸直。然后脚掌向上屈曲，右腿慢慢放回地面，同时自口中呼出一口气。接着左腿以同样的动作做1次。

注意吸气和呼气，要与腿的抬高及放下配合进行。抬腿时，两脚尖尽量向前伸直；腿放下时，脚掌向上屈曲，膝盖要保持挺直。

每天1～2次，每条腿各做5次。

方法二：站立，手臂和身体呈直角向外伸开，做廓清式呼吸。慢慢抬起右腿，脚尖向前伸直，同时从鼻孔吸入一口气，再从口中吐气时，脚掌向上屈曲，同时右腿向右侧外方伸展，慢慢放下右腿，靠近右手臂位置。接下来，脚尖再次向前伸直，从鼻孔吸气，抬高右腿，接着一面从口中吐气，一面将右腿放回最初位置的地面上。左腿同样做1次，注意没有抬高的那条腿要保持平贴地面。

每天1～2次，每条腿各做5次。

要注意，准妈妈运动胎教的时间不宜过长。

胎教效果

这个时期开始，准妈妈进行运动胎教不仅可以减轻疲劳，预防孕中、晚期的腰酸背痛，还有助于增强骨盆底部肌肉的韧性及伸展大腿的肌肉，有利于顺利分娩。准妈妈适时开展运动胎教，还能促进胎宝宝大脑及肌肉的健康发育，帮助胎宝宝孕中期的四肢和身体的发育，有利于增强胎宝宝的运动功能的发育。

音乐胎教：

给胎宝宝美好的情绪环境

胎教准备

胎宝宝发育到5个月时，可进行更多的音乐胎教。但由于这时胎宝宝的听觉才建立，所以对其发展需要进行保护，音乐胎教除了准妈妈听音乐外，准妈妈还可以唱歌，而且后者效果更好。

胎教实施

音乐胎教的具体做法：准妈妈每天可以哼唱几首歌曲，最好选择抒情歌曲或摇篮曲。唱时要轻轻哼，像倾诉一般，充满感情。可以想象一下，胎宝宝正静静地听着母亲的歌声，而母亲正对着眼前的小宝宝表达一腔母爱。

胎教效果

采用这种方法可以在准妈妈体内产生物理性共振，使准妈妈与胎宝宝的心音和谐共鸣，这是当前音乐胎教中最提倡的方法。

温馨小贴士

柔和平缓的音乐：如民族管弦乐曲《春江花月夜》等，这类作品旋律优美细致，音调柔和平缓，带有诗情画意，能抚平准妈妈烦躁的情绪。

舒筋活血的音乐：如民乐《江南好》和《春风得意》等，这类作品甜美轻快、轻松愉悦，能驱散准妈妈郁闷的情绪。

解除忧郁的音乐：如民乐《喜洋洋》和《紫竹调》以及奥地利作曲家小约翰·施特劳斯的圆舞曲《南国玫瑰》等，这类作品曲调优美、跳跃，旋律轻盈优雅，使人联想到翩翩而至的春天，能激发起准妈妈喜悦和振奋的情绪。

消除疲劳的音乐：如《假日的海滩》《锦上添花》《水上音乐》等，这类作品清丽柔美、感情明朗，能让准妈妈解除疲乏，放松身心。

振奋精神的音乐：如民乐《娱乐升平》《灯节》《金蛇狂舞》等，这类作品曲调激昂，旋律变化较快，能让准妈妈振奋精神，积极向上。

促进食欲的音乐：如民乐《弹词韵》《欢乐舞曲》等，这类作品愉快欢乐，能消除准妈妈情绪上的抑郁，增进食欲。

提高智力的音乐：如海顿的《D 大调弦乐四重奏》、贝多芬的《E 小调弦乐四重奏》（即《拉索莫夫斯基》）和《降 B 大调钢琴三重奏》，这类作品旋律优美，能将准妈妈带到一种联想和思索的世界中。

语言胎教：全面刺激胎宝宝听力和脑发育

胎教准备

为了在训练胎宝宝听力的同时进一步促进胎宝宝的大脑发育，除了准妈妈继续给胎宝宝讲故事之外，还可放故事音频给胎宝宝听。

胎教实施

语言胎教具体做法：故事音频尽量选取语言生动、情节有趣、配音丰富的内容，这样才能更加全面地刺激胎宝宝的听力和大脑。特别要注意的是，准妈妈在给胎宝宝播放音频时切忌将音响放置在距肚皮过近的位置。有研究表明，劣质的音频、嘈杂的音响会损坏胎宝宝的听觉。

胎教效果

准妈妈在给胎宝宝播放故事音频的同时，也要用心聆听并进入故事情节中，外在声音和准妈妈内在情绪的共同作用，可以更好地刺激胎宝宝。

温馨小贴士

教胎宝宝说话：医学研究显示，胎宝宝在准妈妈的肚子里会感知很多事物。所以准妈妈要借这个机会教胎宝宝说话，虽然胎宝宝不能开口跟你对话，但这能刺激胎宝宝的大脑发育，直接关系着胎宝宝出生后的语言发育。从进入孕5月开始，准妈妈可以试着将许多不同语言的发音传递给胎宝宝，先用手轻轻地抚摸腹部，然后深吸一口气，嘴巴发出a、o、e等元音，尽量将音拉长。该项练习可重复进行1周左右，然后可相应地做些变化，再发出m-a-、ma，b-a-、ba等音，同样声音拉得越长越好。

胎教小故事

孩子的世界 / （印）泰戈尔

我愿我能在我孩子的自己的世界的中心，占一角清净地。

我知道有星星同他说话，天空也在他面前垂下，用它傻傻的云朵和彩虹来娱悦他。

那些大家以为他是哑的人，那些看去像是永不会走动的人，都带了他们的故事，捧了满装着五颜六色的玩具的盘子，匍匐地来到他的窗前。

我愿我能在横过孩子心中的道路上游行，解脱了一切的束缚；

在那儿，使者奉了无所谓的使命奔走于无史的诸王的王国间；

在那儿，理智以她的法律造为纸鸢而飞放，真理也使事实从桎梏中自由了。

家庭 / （印）泰戈尔

我独自在横跨过田地的路上走着，夕阳像一个守财奴似的，正藏起它的最后的金子。

白昼更加深沉地投入黑暗之中，那已经收割了的孤寂的田地，默默地躺在那里。

天空里突然升起了一个男孩子的尖锐的歌声。他穿过看不见的黑暗，留下他的歌声的辙痕跨过黄昏的静谧。

他的乡村的家坐落在荒凉的边上，在甘蔗田的后面，躲藏在香蕉树，瘦长的槟榔树，椰子树和深绿色的贾克果树的阴影里。

我在星光下独自走着的路上停留了一会，我看见黑沉沉的大地展开在我的面前，用她的手臂拥抱着无量数的家庭，在那些家庭里有着摇篮和床铺，母亲们的心和夜晚的灯，还有年轻轻的生命，他们满心欢乐，却浑然不知这样的欢乐对于世界的价值。

宝贝，

这是我们给你的第 **5** 封信

大肚照时间！

拍摄时间：

孕　　龄：

体　　重：

PART 7

胎宝宝能感受到胎教中的浓浓爱意哦

孕6月

准妈妈健康课堂：胎宝宝又有新本领了

胎宝宝是个小淘气

胎宝宝生长加快

第6个月，胎宝宝的身长为28～34厘米，体重约660克。全身的骨架发育完成，骨骼已相当结实。毛发逐渐增多，但皮下脂肪少，皮肤薄，皱纹很多，全身被奶油样胎脂覆盖。

肺部毛细血管增加，骨骼开始造血。肾脏开始发挥功能，可以排尿。大脑皮质的脑细胞达150亿个，身体受制于高级神经系统，其中枢神经系统开始发出复杂的命令，能接受来自神经末梢的各种感受。脑的记忆系统越来越发达，胎宝宝不仅能记住准妈妈的声音，还可以模糊地感受到准妈妈的气息并开始记在脑中。羊水量达350毫升以上，羊水腔亦增厚。

胎宝宝在自由地活动

6个月大的胎宝宝已成婴儿形，眉毛、睫毛开始生长。两手仍放在脸部前面，动作活泼。全部手指都能动，不时抚摸脐带、脚、手等部位，还会手伸至嘴里做探索、吸吮动作。可清楚地看到胎宝宝的脚掌，脚掌还不时地移动，非常活泼。胎宝宝的开口运动如打哈欠一样，张大着嘴或将手放入口中，舌头也不时地移动。

胎宝宝可以感受到准妈妈情绪的变化，其嗅觉已完备，听觉可反射至中脑，较高度的中枢神经系统已确定并能支配全身。

这时的胎宝宝常常喝羊水、排尿，可自行抑制脑部活动，并自由自在地在子宫内活动。

唉，腰酸背痛腿抽筋

准妈妈腹部越来越大，腰背有时会感到酸痛

6个月的准妈妈腹部膨胀，子宫底提升至肚脐眼左右的高度。胎动逐日明显，体重也明显增加，因此，准妈妈常常感到全身疲倦，腰部、背部会感到酸痛，下半身的静脉受压迫，易患痔疮和静脉曲张。

准妈妈情绪有时不稳定

这个时期，准妈妈的食欲逐渐转好，体重渐渐增加，因而常常感到很疲倦。特别是职业女性，常常工作后回到家里，还要进行胎教，并且对胎教的期望值又过高，所以第二天常感到疲惫不堪，特别容易产生焦虑不安的心理，从而影响情绪。

在这种情况下，准妈妈要调整自己的状态，保证充分的睡眠和休息，不要勉强做自己力所不及的事，对胎教的期望值不能超越现实，保持平和心态，千万不能因家务过重和进行胎教而导致自身体力不支、精神涣散，从而引发食欲不振，影响胎宝宝的发育。

坚持家庭监测

家庭养胎监测：摸胎位

胎位是指胎宝宝在子宫中的位置。监测胎位主要是指检查胎头的位置，准妈妈可在医生指导下进行触摸。

在触摸过程中，若感到硬而圆、有浮球感的，则为胎头。正常胎位的胎头总是处于腹部中央、耻骨联合的上方。若在上腹部摸到胎头，则是臀位；若在腹侧部摸到胎头，则是横位，这两种胎位均属不正常胎位，监测时若发现异常胎位应去医院诊治，做胎位矫正。

家庭养胎监测：量子宫高

准妈妈排尿后，取仰卧位，两腿屈曲，准爸爸用卷尺测量妻子耻骨联合上沿至子宫底的距离。

准妈妈应从怀孕20周开始，每周测量1次子宫高，一般每周增加1厘米为正常。到怀孕36周时，由于胎头入盆，宫底上升速度减慢或略有下降。宫底升高的速度，反映胎宝宝生长和羊水等情况，如有过快或过慢的情况，应当请医生检查。

孕中期阴道炎要治疗

孕中期，由于胎宝宝逐渐长大，压迫盆腔，往往会使准妈妈盆腔充血，再加上体内激素改变、新陈代谢旺盛，阴道常有较多的水样分泌物浸渍，刺激外阴皮肤黏膜，引起炎症，常表现为外阴皮肤黏膜潮红，有烧灼或刺痒感，排尿时有灼痛，有的甚至出现糜烂、溃疡及皮肤增厚，呈苔藓化，严重的还可引起阴道炎。

单纯外阴炎症可用1∶5000高锰酸钾溶液坐浴，局部可用栓剂或配合口服药等。

真菌性阴道炎及其防治

妊娠期准妈妈尿糖含量增高，如果并发糖尿病，尿糖会更高。尿糖的增高会使真菌迅速繁殖，所以准妈妈特别容易患真菌性阴道炎。真菌性阴道炎患者，会感觉外阴和阴道瘙痒、灼痛，排尿时疼痛加重，伴有尿急、尿频的症状；过性生活时，也会感到疼痛、不舒服。此外，还表现为白带增多、黏稠，呈白色豆渣样或凝乳样，有时稀薄，含有白色片状物。

治疗妊娠期真菌性阴道炎时，选择正确的药物和用药方法很重要，最好采用制霉菌素栓剂和霜剂进行局部治疗。另外需要注意，真菌性阴道炎可通过性生活感染，所以治疗期间应避免性生活，而且夫妻双方应同时治疗。治疗结束后，临产前需要再治疗1个疗程，以防胎宝宝出生时经产道而感染。

滴虫性阴道炎及其防治

滴虫性阴道炎是由阴道毛滴虫引起的一种常见的阴道炎。有3%～15%的正常妇女阴道内有滴虫，它们长期寄生于尿道、尿道旁腺、膀胱或肾盂，但并不都引发阴道炎。准妈妈妊娠后由于阴道酸碱度改变，滴虫繁殖快，炎症逐渐加重，临床表现会更加明显。

准妈妈患了妊娠期滴虫性阴道炎常表现为白带增多，有时白带呈黄绿色或灰黄色，伴有臭味，严重者白带混有血液。由于炎症和分泌物刺激，出现外阴瘙痒、灼热、疼痛及性交痛的症状。炎症侵及尿道，可出现尿频、尿急、尿痛及尿血等尿道刺激症状。如果妇科医生检查时发现阴道及宫颈黏膜红肿，则在阴道分泌物中可查出滴虫。

为防治妊娠期滴虫性阴道炎，准妈妈在妊娠前进行妇科病普查时，如发现滴虫应积极治疗。若已患上妊娠期滴虫性阴道炎，可用阴道栓剂，每晚睡前清洗外阴后，置入阴道深处1枚，12天为1个疗程。治疗期间，为防止重复感染，内裤和洗涤用的毛巾、浴巾应煮沸5～10分钟，以彻底消灭病原菌。同时，尽量不要使用公共浴池、浴盆、游泳池、坐厕等，减少间接传染。

营养胎教：

准妈妈要注意补充维生素

孕中期加强补充维生素

孕中期是胎宝宝迅速生长发育的时期，此时胎宝宝对叶酸、维生素C以及B族维生素的需求量大大增加，这就要求准妈妈在孕中期摄入营养均衡的食品，加强维生素的补充。多补充维生素C也有利于铁的吸收。

当然，由于每个准妈妈的生活习惯和饮食习惯不同，有些准妈妈通过饮食调理仍达不到孕期维生素的需要量，这就需要在营养师的指导下补充复合维生素制剂。对于准妈妈来说，最好选择专门为孕妇配制的，按孕妇每天国际标准需要量配制的多种维生素。如果准妈妈身体正常、体型偏瘦，建议可以在平衡饮食的基础上每天补充一半推荐量的复合维生素片，这样更为安全一些。

补充维生素的营养餐

蔬菜汁

原料：西芹1/2根（约50克），胡萝卜1/4根（约70克），凉开水2杯，蜂蜜1大匙。

做法：除蜂蜜外，将所有材料依次放入果汁机内打碎，取汁，再加入蜂蜜饮用。

特点：此菜富含胡萝卜素、膳食纤维素等营养素，适合准妈妈补充维生素食用。

菠菜鱼汤

原料：菠菜250克，鱼肉100克，盐适量。

做法：将菠菜洗净，切段；鱼肉洗净，切块；把全部材料放入煲内，加适量清水，大火煮沸后，改小火煲1小时；最后放入适量盐调味即可。

胡萝卜苹果汤

原料：胡萝卜45克，洋葱25克，苹果60克，高汤1.5杯，橄榄油10克，盐5克，黑胡椒粉适量。

做法：胡萝卜去皮、切片，洋葱切丝，苹果去核、切片；锅中放入橄榄油加热，加入胡萝卜片、洋葱丝、苹果片炒软至香味散出；倒入高汤煮沸，再以小火炖煮约10分钟；最后用盐和黑胡椒粉调味即可。

特点：此菜富含维生素C、β-胡萝卜素、膳食纤维等营养素，适合准妈妈补充维生素食用。

小竹笋炒鸡丝

原料：小竹笋80克，鸡胸肉50克，红椒1个，生姜、葱各5克，花生油110克（实耗油15克），盐8克，干淀粉和水淀粉各适量，香油1克。

做法：将小竹笋切条，鸡胸肉切丝，红椒去籽、切丝，生姜去皮、切丝，葱切段；鸡丝用少许盐、干淀粉腌好；烧锅下花生油，待油温约90℃时，倒入鸡丝，炒至滑嫩后倒出；锅内留花生油，放入姜丝、小竹笋条、红椒丝，加入盐炒至断生，然后投入鸡丝、葱段，炒透，再用水淀粉勾芡，最后淋入香油即可。

猪肝羹

原料：鲜猪肝200克，鸡汤300毫升，盐、料酒、葱姜汁各适量。

做法：鲜猪肝洗净，切块，浸泡后沥干，放入榨汁机内，再加入鸡汤后打碎，过滤成汁。滤汁内加入盐、料酒、葱、姜汁后，搅拌均匀，再盛在小碗中，用电饭锅蒸10分钟，见其凝固即可。

音乐胎教：用音乐促进胎宝宝神经细胞生长

想象音乐的美妙意境

《四季》之《春》（维瓦尔第）

这部协奏曲集是意大利作曲家维瓦尔第于1725年发表的一套大型作品《和声与创意的尝试》中的前4首，该大型作品由4首协奏曲组成。此作品如同一幅幅富有表现力的风景画，流露出巴洛克音乐的风格特征。特别是小提琴的多种演奏技巧，具有强烈的描绘性特点。

第1乐章是回旋曲，表达春天主题。春天来了，无限欢欣。

第2乐章比较短，描绘了田园风光。在鲜花盛开的草地上，在轻轻摇曳的草丛中，牧羊人在歇息，忠实的牧羊犬躺在身旁。音乐优美而恬静。

第3乐章具有舞曲的特点，伴随着乡间风笛欢快的音乐声，在春天晴朗的天空下，少女们与牧羊人翩翩起舞。

巴洛克音乐非常注重音乐形式上的表现和创造，其低音和音乐的结构特别能让准妈妈在聆听时达到宁静、抒怀、赏心的目的。因此，在欣赏巴洛克音乐时，准妈妈可以通过它细腻柔美的音乐语言，足不出户地享受到春季的萌动和勃发，以唤起自己美好的情怀。

胎教准备

胎宝宝的听觉器官发育到6至6个半月时，其外耳、中耳和内耳的结构基本上已发育完成。许多准妈妈都反映，外界突发的声响会引起胎动。近年来，超声波扫描也显示，外界的声波尤其是突发的声响，会引起胎宝宝心率加快及胎动增强。因此，这个阶段的胎宝宝特别需要音乐这种良性的信号刺激，以促进神经细胞的增长。这一阶段的音乐胎教可采用让胎宝宝自己“听”音乐的方法。

胎教实施

让胎宝宝直接“欣赏”音乐的具体做法：准妈妈取舒适的位置，放松身心，集中精力，将播放器放在距离腹壁2～5厘米处播放胎教音乐，同时不断调换方向，让声音通过腹部传递给胎宝宝。

每天定时播放几次，循序渐进。刚开始时，时间可以短一些，以后逐渐拉长，但不宜过长，以5～10分钟为宜。音量要适中，不可过大也不宜过小。

胎教效果

在早晨醒来时，给胎宝宝“听”音乐要选择轻快明亮的乐曲，比如给他（她）“听”克莱德曼的钢琴曲《童年的回忆》，把胎宝宝从抑制状态调节到兴奋状态；晚上入睡前，可给他（她）“听”舒伯特的《小夜曲》等，促使胎宝宝进入甜美的梦乡。

必须强调的是，在进行音乐胎教时，准妈妈应与胎宝宝一起进入到音乐世界里，在胎宝宝听的同时，准妈妈也要主动感受音乐的意境，只有这样，才能达到预期的效果。

温馨小贴士

准妈妈最好每天都为胎宝宝唱几首歌：要轻轻地哼唱，唱时要心情舒畅，富含感情，如同面对亲爱的宝宝，倾诉一腔柔爱。这时准妈妈可想象胎宝宝正在聆听你的歌声，从而达到母婴心音的谐振。胎宝宝虽然具有听力，但毕竟只能听不能唱。准妈妈要充分发挥自己的想象，想象腹中的胎宝宝神奇地张开蓓蕾般的小嘴，跟着音乐和谐地“唱”起来，具体做法：先将音乐的发音或简单的乐谱反复轻唱几次，如Do、Re、Mi、Fa、Sol、La、Ti，每唱一个音符后等几秒钟，让胎宝宝跟着“学唱”，然后再依次进行。准妈妈亲自给胎宝宝唱歌，是任何形式的音乐都无法取代的，且胎教效果显著。有些准妈妈认为自己没有音乐细胞，不能给胎宝宝唱歌。其实，只要是带着深深的爱意去唱，对宝宝来说，都是悦耳动听的，所以我们更提倡准妈妈用唱歌的形式来进行音乐胎教。

运动胎教：

刺激胎宝宝适度运动

胎教准备

怀孕期间游泳对准妈妈来说是很有益处的，能够调节准妈妈神经系统功能，促进血液循环，减少由紧张而引起的多种不适情绪，缓和某些孕期综合征，如腰背疼痛、痔疮和下肢浮肿等症状。同时，也可以通过全身适度的运动，促进胎宝宝在子宫内的运动。

胎教实施

准妈妈要选择水质清洁，过滤、消毒设备完善，管理好的游泳场馆，以保证游泳时的卫生和安全；要考虑室内温度及通风情况，以防锻炼或休息时准妈妈因环境温度等不适而引起感冒；选择的游泳池的水温不能太凉，太凉的水可能引起子宫收缩或出现蛋白尿；准妈妈游泳之前必须办理健康证，如患有心脏病、肝炎、皮肤病等疾病的准妈妈要严禁游泳。

准妈妈在下水游泳之前应先淋浴，将身上的汗渍冲洗掉再游泳，这样可以使自己很快适应水温，同时维护池水清洁；在游泳之前要注意补充一定量的液体食物和营养；运动前不要过饱或过饥，过饱会增加身体负担引起不适，过饥则易发生晕眩；下水前应活动一下身体，以防在水中发生腿脚抽筋，造成不良后果。

胎教效果

游泳是一项比较柔和的锻炼方式，只要控制好水温、运动量并掌握好游泳方法即可，准妈妈游泳对身体有很多好处。

温馨小贴士

带着胎宝宝做运动：现阶段，准妈妈由于全身血液循环增加，同时，增大的子宫压迫血管，会出现头晕及下肢水肿等症状，使准妈妈精神困乏、浑身无力、容易疲劳，这时准妈妈会产生“不想动”的心理状态。然而，人的机体功能是动则盛、惰则衰，准妈妈只有通过运动才能吸入新鲜的氧气，排出身体内的废物，增强身体的免疫力，从而生一个健康的宝宝。适合本阶段的运动方法包括如下几种：

快走

快走的姿势与散步的姿势相似，但手臂摆动幅度更大一些，步伐也更快一些，心率尽量控制在120～140次/分钟。快走可以根据自身的体质情况循序渐进，最好是每周坚持20～45分钟。

半蹲练习

两脚自然分开，膝盖对准脚尖方向，手臂自然下垂放在身体两侧，目视前方。吸气时屈膝半蹲，手臂向前平举，呼气时还原，反复练习10次。下蹲时膝盖和脚掌不要向内侧翻。下蹲过程中臀部不要向后翘起。

对话胎教：促进胎宝宝情感发育

怎样开展对话胎教

此时胎宝宝已具有听力。胎宝宝在第4个月时就可以在母体中听到准妈妈血液的流动声、肠道的蠕动声、心脏的跳动声、骨骼的运动声等。现代医学借助超声仪器（B超）可以观察到胎宝宝在母体子宫内的情形：当胎宝宝听到声音时，胎心音会变快；听到汽车的喇叭声时，会出现频繁的胎动。

准妈妈体内的各种声音对于胎宝宝的听力刺激意义不大，我们需要把外部世界更精彩的声音传递给胎宝宝，如美妙的鸟鸣声、动人的乐曲声、生动的说话声……因此，对话胎教就是在传达这一综合的美妙声音。对话胎教的内容不限，准父母可以用问候、聊天、朗读、唱歌、讲故事等多种方式与胎宝宝沟通。对话胎教可以从妊娠3～4个月时开始，一般选在准妈妈有胎动时；每天定时进行，每次时间在5分钟以内，不要讲太复杂的句子。

胎教准备

6个月大的胎宝宝听觉功能已完全发育成熟，不仅能听到准妈妈的说话声，还能听到准妈妈胸腔的振动。准妈妈说话时温柔的音调、语气都能给胎宝宝良好的刺激；同时，男性的低音比较容易传入子宫，对胎宝宝来说，也是一种良性的声波刺激。因此，这时候的准父母共同参与对话胎教，才能起到更好的效果。

胎教实施

建议准父母给胎宝宝起一个乳名，在对话胎教开始时，准父母就可以用胎宝宝的乳名经常呼唤他（她），使胎宝宝产生一种刺激性的记忆。

进行对话胎教时，准父母要把胎宝宝当作一个懂事的孩子，经常和他

（她）说话、聊天，可以把家庭中的一些生活细节描述给他（她）听，比如爸爸妈妈今天吃了些什么，谈了些什么，心情怎么样，为宝宝做了些什么，对宝宝有什么想法……注意对话的内容不要太复杂，最好在一段时间内重复对话内容，以使胎宝宝大脑皮层产生深刻的记忆。

在对胎宝宝进行对话胎教的同时，可以穿插或交替进行语言胎教，除了继续给胎宝宝讲故事外，准父母还可放一些外语音频，自己听的同时也给胎宝宝听，让胎宝宝尽可能早地接收多种语言信息。

胎教效果

坚持进行对话及语言胎教，不仅对胎宝宝的大脑和情感发育有莫大的好处，也能让胎宝宝进一步感受到准父母的爱。

温馨小贴士

准爸爸要对胎宝宝说些什么呢？准爸爸和胎宝宝讲话时，准妈妈仰卧或端坐在椅子上，准爸爸把头俯向准妈妈的腹部，嘴巴离腹壁不能太近也不能太远，以3～5厘米为宜。准爸爸和胎宝宝讲话的内容应是以希望、祝福、要求、关心、健康等内容为主，要切合实际，语句要简练，语调要温和。睡觉前，准爸爸可以通过准妈妈的腹部轻轻地抚摸胎宝宝，同时进行一些对话，如“爸爸来啦，让爸爸摸摸你的小手、小脚，在哪里呢？”“爸爸要走了，再见。”对话时间可以在晚上9点左右，每次讲话时间5～10分钟为宜。

故事胎教：

培养胎宝宝的情商

用经典故事培养胎宝宝的情商

偷蜜人的结果

有一个牧羊人，养了一百多只羊，他每天都去放羊，日子倒也过得无忧无虑。这一天，一位养蜂人路过这里，他看到草原上到处是鲜花，决定留下来让他的蜜蜂们采蜜。养蜂人在离牧羊人家不远的地方搭起一间草舍，于是，他们就成了邻居。

牧羊人每天黄昏都会烤羊肉、喝酒，然后把羊骨扔给那一群忠实的猎狗们。自从养蜂人来了之后，牧羊人突然觉得一个人喝酒没意思，便主动邀请养蜂人一道同饮。但是养蜂人很客气，也很坚决地拒绝了，弄得牧羊人心头很不舒服。

牧羊人以为养蜂人不愿打扰别人，便心生一计，主动向养蜂人购买蜂蜜。

养蜂人却说："我们碰在一起是一种缘分，说什么卖不卖？自家出的东西，你只管拿些去吃就是了。"这时牧羊人说："你都不肯喝我的酒，我凭什么白吃你的蜂蜜？"

牧羊人说完，很不高兴地走了。他回到家里，觉得自己说话太过分了，或许养蜂人真的不会喝酒呢。于是，他转身想去养蜂人家里道歉，可他还没走到养蜂人家里，就看到养蜂人一个人自得其乐地在喝酒。牧羊人气极了，决定从此以后不再理会养蜂人，并且处处与他为敌。

后来，牧羊人偶然发现一群野蜂，他想，带一些野蜂蜜回去，气气那个古怪的家伙。

牧羊人等野蜂全部飞出树洞，他便走过去取野蜂蜜，谁知道，几只野蜜蜂居然在这个时候飞了回来，牧羊人吓得扭头就跑。可是那些野蜂追上他后，把他蜇得伤痕累累。

宝贝，

这是我们给你的第 6 封信

大肚照时间！

拍摄时间：

孕　　龄：

体　　重：

PART 8

胎宝宝发育关键期，胎教坚决不能停

孕7月

准妈妈健康课堂：准妈妈开始变得辛苦了

多么甜蜜的负担

胎宝宝相貌像个小老头

第7个月，胎宝宝的身长为35～38厘米，体重约为1000克。这时的胎宝宝皮肤形成皮下脂肪，但皱纹较多，相貌像个老人似的。身体已完成基本构造，功能尚未完全发挥作用，耳朵、眼睛、皮肤的末梢神经逐渐发达，可以做出神经反射动作；大脑褶皱增多，间脑已发挥作用；眼睑的分界清晰，眼睛能睁开了；开始具有视物能力，但子宫中一片漆黑，胎宝宝什么也看不见；扩充肺泡物质仍不足，使得肺泡仍不能完全扩充，气管和肺部还不发达。胎宝宝若在这个时期产出，则将被视为早产儿。尽管胎宝宝有浅浅的呼吸和哭泣，但较难存活，需要精心护理。此时男宝宝的睾丸还没有降下来，但女宝宝的小阴唇、阴核已明显突起。

胎宝宝情绪会变化

这时期，胎宝宝能对外部声音分辨出好恶；味觉相当发达，可以分辨出甜味和苦味；可以用脑部感觉到外部光线明暗的变化。因此，如果准妈妈在妊娠期间昼夜生活杂乱无章，那么胎宝宝体内的生物钟就会发生紊乱，出生后情绪就会变得不稳定。

准妈妈越来越“懒”了

准妈妈有点浮肿了

怀孕7个月时，准妈妈的子宫升至肚脐上方2～3厘米的位置，腹部也开始变得更大。

由于子宫增大使重心落在腹部，会增大背部骨骼的压力，此时准妈妈会有腰痛的感觉。此外，子宫压迫静脉，还会使下肢、腹部发生浮肿现象，严重的会使外阴部、下肢产生静脉瘤。

这个月，由于准妈妈体重明显增加，还可能出现贫血现象。

由于激素分泌，准妈妈全身的韧带或骨骼的结合部分变得松软，这一变化可能会使准妈妈的脚跟部位感到疼痛，手部难以握合，手脚开始产生麻木现象。

因此，准妈妈应避免长时间采取直立式的姿势，及走路过急。

为宝宝的到来做准备，有些劳神

到了妊娠中期，准妈妈的身体、情绪一般都会很好，期待肚子里的宝宝出生后就有良好的物质准备是每一个母亲对孩子表现出的最大爱心，所以，有些准妈妈将为即将出生的孩子准备东西当成自己最大的乐趣和工作。这种想法是好的，但是我们要提醒准妈妈，如果不能很好地调整自己过急的心理状态，整日忙个不停，甚至连孩子2岁内所用的东西都准备好了，不仅准妈妈自己得不到良好的休息，对胎宝宝的生长发育也不利。

这时期的准妈妈要努力调整自己的心态，不要太劳神。

除注意休息以外，准妈妈还不能长时间坐着，进行看电视、看书、编织毛衣等活动时，要注意坐的时间，以免压迫胎宝宝，使血液流动不畅，进而影响胎宝宝的供氧。

为新生儿准备必要的用品也可由准爸爸或其他家人代劳。准妈妈不要常去人多的商场，因为那里的空气不好，病原体多，容易受到感染或碰撞。

不要忽视孕中期的健康检查

进行孕中期健康检查

主要检查项目如下：

常规检查

每次体格检查包括测量血压、体重、宫高、腹围、胎心率，并注意检查胎位，如发现异常，必须及时纠正。

复查血液、尿液

复查血常规，及时发现妊娠并发贫血，复查尿常规及时筛查妊娠高血压综合征。

针对胎宝宝的检查

记录胎动次数，建议定期做胎心监护。产前复查B超，观察胎宝宝的生长发育情况、胎盘位置及成熟度、羊水情况等。

特殊情况下的检查

血型为Rh阴性的准妈妈，其丈夫血型为Rh阳性时，应进行新生儿溶血症检查；做空腹的尿糖检查；定期检查尿蛋白等。

警惕妊娠高血压综合征

什么人易患妊娠高血压综合征

妊娠高血压综合征，是妊娠期女性所特有而又常见的疾病，以高血压、水肿、蛋白尿、抽搐、昏迷、心肾功能衰竭，甚至发生母胎死亡为临床特点。妊娠高血压综合征按严重程度分为轻度、中度和重度，重度妊娠高血压综合征又称先兆子痫和子痫，子痫即在高血压基础上有抽搐现象。

容易患妊娠高血压综合征的准妈妈一般有以下几类人：年轻初产准妈妈及高龄准妈妈；营养不良，特别是伴有严重贫血的准妈妈；患有原发性高血压、慢性肾炎、糖尿病并发妊娠者；双胎、羊水过多及葡萄胎准妈妈；有家族疾病史，如准妈妈的母亲有妊娠高血压综合征病史者；体形矮胖者。

预防妊娠高血压综合征

加强孕期营养及休息：准妈妈在妊娠中、晚期时要加强营养，尤其是蛋白质、多种维生素、铁剂的补充，减少动物脂肪和盐的摄入量，这对妊娠高血压综合征有一定的预防作用。如果准妈妈体内缺乏营养、患低蛋白血症或严重贫血等现象，其妊娠高血压综合征发生率就会增高。此外，准妈妈还要保证充足的睡眠和休息时间，一般取左侧卧位，休息不少于10小时。

重视产前检查：准妈妈一定要做好孕期保健工作，积极进行产前检查。要做到妊娠早期测量1次血压，作为孕期的基础血压，以后定期检查；尤其是在妊娠36周以后，应每周观察血压及体重的变化、有无蛋白尿及头晕等自觉症状；定期监测血液、胎宝宝发育状况和胎盘功能。

重视诱发因素：如果准妈妈的外祖母、母亲曾经有人患过妊娠高血压综合征，就要考虑遗传因素了；如果准妈妈孕前患过原发性高血压、慢性肾炎及糖尿病等，也容易引发妊娠高血压综合征。

妊娠高血压综合征准妈妈的饮食

准妈妈如果患上了妊娠高血压综合征，在饮食上一定要注意搭配原则。

多补钙。钙不仅能促进胎宝宝的成长，还能预防妊娠高血压综合征的发生。准妈妈可多吃豆类、牛奶、海带、黑芝麻等食品。

多补硒。妊娠时胎宝宝及胎盘生长需较多硒，母体通过主动转运方式向胎宝宝输送硒，患有妊娠高血压综合征的准妈妈，体内随妊娠进展而缺硒。因此，准妈妈可摄取富含硒元素的食物，如动物肝、瘦肉、谷麦类食品等。

准妈妈要注意少吃腌制品，少吃高脂食物，少喝碳酸饮料。

多元胎教时光：胎宝宝和准妈妈的甜蜜交流

营养胎教：

均衡补充各种营养素

胎教准备

锌是人体必需的微量元素，直接参与人体的细胞生物代谢，锌在生命活动过程中起着转运物质和交换能量的作用，对促进胎宝宝的生长发育十分重要。

碘是人体各个时期所必需的微量元素之一，它是人体甲状腺激素的主要构成成分，能影响大脑皮质和交感神经的兴奋。它能直接影响胎宝宝的生长发育，因此，补碘对准妈妈来说就显得尤为重要。

卫生部制定的碘营养摄入标准为成人每天不少于150微克，准妈妈每天不少于200微克，儿童每天不少于90微克。但一般认为，准妈妈每天的摄入量不少于300微克比较可靠。由于碘在身体中的含量过高也会产生副反应，所以准妈妈必须在医生的指导下，采用正确剂量进行适当补充，以确保胎宝宝身体与智力同步发育。

这个时期，准妈妈还常会出现贫血现象。据统计，约25%的准妈妈在怀孕期间会出现不同程度的贫血，主要为缺铁性贫血。贫血对母体和胎宝宝的健康很不利，容易导致准妈妈患上妊娠高血压综合征，还会造成胎宝宝宫内慢性缺氧。所以，适时地补铁对胎宝宝的健康发育意义重大。

胎教实施

这时，准妈妈的膳食中要增加营养价值高的蛋白质，如禽、鱼、蛋、瘦肉等，每天增加150～200克；每天粮谷类食品仍需摄入400～450克；每周食用两次动物肝脏和动物血；每天的牛奶或豆浆增加到440毫升。此外，准妈妈的饮食仍然每天要荤素、粗细搭配，以防止由于子宫逐渐膨大压迫肠道而引起的便秘。

锌完全由食物提供，因此，补锌的最佳途径是食补。准妈妈在日常饮食中一定要注意多吃富含锌元素的食物，如牡蛎、紫菜、虾皮、牛肉、猪肉、羊肉、动物肝脏、蛋黄、豆类、芝麻酱、苹果、香蕉、卷心菜等。

人体的碘80%～90%来源于食物，所以碘必须从食物或其他补充剂中摄取。含碘量最丰富的食品为海产品，如海带、紫菜、海参、干贝、龙虾、海鱼等。食用时应注意烹调方式，避免碘流失。此外，碘盐的摄入是补碘的又一重要途径。

治疗贫血主要是加强营养，多吃一些瘦肉、动物肝脏、鸡蛋、动物血、黑木耳、紫菜、海带、豆制品等含铁较丰富的食物；对于严重贫血的准妈妈还可进行药物治疗，药物治疗主要是服用补铁药物，以口服为宜。补铁药物有硫酸亚铁、维血康、叶酸、维生素C等。若口服铁剂后胃肠反应严重，或贫血加重的准妈妈需要迅速纠正时，可在医生的指导下注射含铁制剂。

胎教效果

准妈妈在孕中期及时补锌有助于增强子宫的收缩力，如果准妈妈血锌水平正常，子宫收缩有力；反之，则子宫收缩无力，影响正常分娩。因此，准妈妈在孕中期加强补锌，使体内有一定量的锌储备，可以保证胎宝宝正常发育，也有利于准妈妈顺利分娩和产后康复。

准妈妈适时补碘有助于胎宝宝大脑的正常发育，并为母乳的含碘量提供了保证。如果准妈妈碘摄入不足，将直接限制甲状腺激素的分泌，影响胎宝宝的中枢神经系统，尤其是大脑的发育。准妈妈若缺碘严重，还可能导致胎宝宝发育不良，出生后智力低下、呆傻等现象，产生不可逆转的损害。此外，准妈妈加强补铁不仅能避免缺铁性贫血，还能减少妊娠高血压综合征的发生，并确保胎宝宝在宫内氧气充足。

运动胎教：

学做孕妇体操，促进胎宝宝大脑及肌肉发育

胎教准备

对于孕中期的准妈妈来说，最适宜的运动胎教就是由孕产专家编制的孕妇体操。孕妇体操能松弛准妈妈的腰部、骨盆的肌肉和韧带，对将来胎宝宝顺利通过产道分娩、减少会阴肌肉撕裂有很大的帮助，还能预防准妈妈由于身体变化和体重增加而引发的腰腿病。此外，准妈妈做孕妇体操的同时，还能促进胎宝宝大脑及肌肉的健康发育。

胎教实施

脚部运动：坐在床沿或椅子上，两脚靠拢，平放在地面上。脚尖用力向上跷，呼吸1次后放松，恢复原状，反复进行；也可以将一条腿搭在另一条腿上，脚尖上下活动，一定次数后，再换另一只脚进行。

脚部运动每次持续3～5分钟，它的作用在于通过脚部的活动，增强脚部肌肉的力量和弹性，促进关节血液循环，防止脚部因负重而产生疲劳。

伸展骨盆运动：盘腿坐在硬板床上，双手放在膝盖上，背部挺直，每呼吸1次，双手用力将膝盖压至床面，加压时要一点一点用力，尽量让膝盖接近床面。

骨盆运动每天早、中、晚可各做1次，每次持续3～5分钟。它的作用在于松弛孕妇骨盆各关节，伸展骨盆肌肉和韧带，有利于分娩时胎宝宝顺利通过骨盆。

扭动骨盆运动：仰卧在床上，双膝并拢收紧，用双膝带动大小腿向两侧外展及内收；也可以一条腿伸直，另一条腿内外摆动，然后再换腿交替进行。

每天早、晚各做5～10次，它的作用在于锻炼骨盆关节和腰部肌肉，增加其弹性，减轻准妈妈由于负重和重心的改变而引起的腰腿疼痛。

振动骨盆运动：仰卧在床上，两腿稍稍弯曲，与床成45°角，手心和脚心平放在床面上，将腹部挺起，挺一会儿再放下。

每次反复做8～10次。这种运动的作用在于松弛准妈妈的骨盆和腰部关节，增强腹部力量，有利于准妈妈分娩时向腹部施压。

准妈妈在做体操时，要按照动作要领轻柔、适度地去做，并每天坚持。

胎教效果

做孕妇体操可以增强准妈妈腹肌、腰背肌和盆底肌的张力及弹性，使其关节、韧带松弛柔软，有利于准妈妈正常妊娠及顺利分娩；同时刺激内分泌腺，加速血液循环，促进胎宝宝大脑和肌肉的健康发育。此外，还可以解除准妈妈的疲劳和不适，使其心情舒畅。

但要注意的是，孕妇体操一般要根据准妈妈个人的体力情况和妊娠月份酌情增减运动强度，以不觉得太疲劳又达到锻炼目的为度，在睡前和早起后做比较好，以个人的需要和舒适度为准。当然，准妈妈无论有没有运动的经验和习惯，最好都在运动开始前向医生请教一下，积极听取医生的建议。但如果准妈妈属于以下几种情况，则不宜参加运动。

有早产或反复流产史者：运动会提高流产和早产的发生率，因此，有该病史的准妈妈不宜参加运动。

妊娠初期高血压患者：因为运动可使血压升高，如不及时控制血压，很容易发展成严重的妊娠高血压综合征、先兆子痫，危及母婴生命。

多胎妊娠者：多胎妊娠的准妈妈负担很重，而且她们患高血压、贫血等妊娠并发症的风险比单胎妊娠更大，所以不宜参加运动。

阴道出血者：阴道出血是流产、早产的症状，这时为确保胎宝宝安全度过危险期，准妈妈不宜参加运动。

已确诊的心脏病患者：为避免增加心脏带病工作的负担，此类准妈妈不宜参加运动。

先兆子痫患者：患有先兆子痫的准妈妈，做孕妇体操会引发和加重病情，所以不宜做孕妇体操。

游戏胎教：

训练胎宝宝的触觉发展

怎样开展游戏胎教

科学家发现，胎宝宝在母体内有很强的感知能力，通过超声波检查仪的荧屏，可观察到胎宝宝在子宫内的活动情况：胎宝宝醒来时，伸了一个懒腰，打了一个哈欠，又调皮地用脚蹬了一下妈妈的肚子……不一会儿，胎宝宝的手碰到了漂浮在他（她）身旁的脐带，他（她）马上就伸手抓过来并玩弄起来，还不时把它送入嘴中。科学家因此认定，胎宝宝完全有感知能力，能在准父母的训练下进行游戏活动。

准父母对胎宝宝进行游戏胎教的具体方法：当胎宝宝踢准妈妈肚子时，准妈妈可轻轻拍打被胎宝宝踢的部位，然后等待胎宝宝第二次踢肚子；一般在1～2分钟后，胎宝宝就会再次踢准妈妈的肚子。感受到胎宝宝踢踏后，准妈妈再轻拍几下，然后停下来。

在拍打时，准妈妈可不时换换拍打的部位，胎宝宝就会向准妈妈改变的部位踢去。每次进行10分钟左右，每天1～2次，注意拍打的位置不要离胎宝宝之前踢肚子的位置太远。

这里需要说明的是，准妈妈怀孕后的头3个月、临近产期及早期宫缩者不宜进行游戏胎教，胎教训练时手法要轻柔。

胎教准备

美国育儿专家凡德卡教授提出了一种“胎儿体操与踢肚游戏”胎教法，就是希望通过准妈妈与胎宝宝进行游戏达到胎教的目的。

胎教实施

具体方法：在准妈妈怀孕5～6个月能感受到胎宝宝形体的时候，即可对胎宝宝进行推晃式训练，轻轻推动胎宝宝，使胎宝宝在母体内“踢腿”或“荡秋千”。

胎教效果

游戏胎教可结合运动胎教实施，边运动边游戏，不同的运动方式可以带给胎宝宝多种多样的刺激，以训练胎宝宝的触觉进一步发展。

温馨小贴士

与胎宝宝玩匍匐爬行游戏：这时期胎宝宝活动较频繁，会在准妈妈的肚子里又踢又打，有时还会翻身。准妈妈可以利用每一次的胎动，与胎宝宝玩匍匐爬行游戏。把冬天盖的棉被拿出来，折成豆腐状放在地板上或床上，趴下，以棉被支撑胸部，但要注意棉被高度必须以腹部不被挤压为限，爬行时，准妈妈要告诉胎宝宝：“宝宝，做好准备，我们要出发了。”

对话胎教：

刺激胎宝宝的记忆形成

胎教准备

记忆训练是根据胎宝宝具有辨别各种声音并能做出相应反应的能力，而让准父母通过对话胎教对胎宝宝进行训练的一种方式。在这时期，胎宝宝大脑褶皱增多，间脑已发挥作用，开始衍生出原始的情感，情绪开始出现变化。因此，继续对胎宝宝实施对话胎教，可以帮助胎宝宝建立起记忆。

胎教实施

对话胎教可根据胎宝宝大脑发育的情况，给胎宝宝讲些长度适中的句子；或与胎宝宝讲些“悄悄话”，即在给胎宝宝听音乐时，准父母可以和着乐声悄悄地对胎宝宝说话，可描述音乐的画面，也可描述生活的场景；甚至可以朗读一些温馨、有趣的故事，教导胎宝宝一些大自然的事物和社会知识。同时，当准父母在进行“子宫对话”时，最好能用不同的声音语调来说明不同的事物。准父母的用心，胎宝宝可是能感受到的喔！

胎教效果

7个月大的胎宝宝已经能分辨出外部声音的好恶，如果让胎宝宝直接听美妙的音乐，胎宝宝心跳会加速，身体开始活动。这时和着音乐进行对话胎教，会进一步刺激胎宝宝的情绪，有助于刺激胎宝宝记忆的形成。

宝贝，

这是我们给你的第 7 封信

大肚照时间！

拍摄时间：～～～～～～～～～～

孕　　龄：～～～～～～～～～～

体　　重：～～～～～～～～～～

PART 9

胎教进行时，
胎宝宝开心地动不停

孕8月

准妈妈健康课堂：拿什么拯救我的妊娠纹

小心，千万不能长太胖

十月怀胎，需要准妈妈摄入充足的营养素并保证充分的休息，所以对于准妈妈来说，妊娠期由于营养多、活动少、体内雌激素增加，致使脂肪堆积，这是一个极易发胖的时期。但是，一个不容忽视的事实是，肥胖孕妇比一般孕妇更容易罹患产科并发症，难产、围产期胎宝宝死亡发生率高，易生产缺陷儿。因此，准妈妈更应该在这个时期预防肥胖。

准妈妈孕期体重正常增加的标准

准妈妈孕期体重的增长主要来自子宫及其内容物（羊水、胎宝宝、胎盘）、乳房、血容量、细胞内外水分的增长，以及另一小部分母体在孕期储备的营养，主要是脂肪、蛋白质的沉积。准妈妈孕期体重的增加有一个正常范围，一般来说，准妈妈整个孕期体重平均增加11.5千克左右，体重增加的差异与孕前胖瘦有关，低体重者增加稍多，可达12千克；而原本就肥胖的准妈妈应限制体重，增加量在8千克以内。准妈妈孕10周、孕20周、孕30周、孕40周时分别增加0.65千克、4千克、8.5千克、12千克。

肥胖对母体和胎宝宝的危害多

研究表明，怀孕期间肥胖的准妈妈患上妊娠期并发症等疾病的概率比正常增重的准妈妈高，如妊娠期高血压、妊娠期糖尿病、骨关节炎、产后抑郁症等。而且由于分娩巨大儿概率增加，过多使用胎吸、产钳助产和剖宫产等医疗方案，会加重对产妇的损伤。准妈妈肥胖还会影响胎宝宝的生长发育。

妊娠期并发症：准妈妈妊娠期肥胖的直接危害与因肥胖产生的妊娠期并发症有关。有学者统计，在200例体重90千克以上的肥胖准妈妈中，有75%的人发生了并发症，包括胎位异常、胎膜早破、延迟分娩、难产、剖宫产、产褥期出血量多、贫血等。这些症状不仅对准妈妈危害大，对胎宝宝的生命也有较大的影响。

妊娠高血压综合征：肥胖还会引起准妈妈患上妊娠高血压综合征（简称妊高征）。在妊娠20周以后，如果准妈妈每周体重增加0.56千克以上，通常容易发生妊高征。妊高征患者因肥胖，外周血管阻力增加，影响组织液回流，易引起高血压、浮肿等现象，重症患者损及心、肾功能，出现蛋白尿、气短、难以平卧等心肾功能衰竭的表现，严重时出现抽搐、昏迷、心肾功能衰竭等症状，治疗不及时会危及生命，甚至发生母婴死亡。

流产、难产与死胎：肥胖准妈妈尤其是妊娠期体重明显增加的准妈妈，还容易造成胎宝宝的流产和死亡。由于肥胖准妈妈腹肌无力，易发生低张性宫缩乏力，引起滞产；而且准妈妈妊娠期体重增加明显，新生儿的出生体重也较重，易发生巨大儿，这就预示着难产、剖宫产的概率增高；此外，肥胖准妈妈出现过期妊娠的情况增加，需用到产钳分娩、负压吸引术的可能性也增加，新生儿死亡率也比正常体重准妈妈高。

肥胖准妈妈孕期的饮食安排

合理饮食：合理饮食不仅可以降低肥胖的发生概率，对于胎宝宝的健康发育也是至关重要的。合理饮食指热能、蛋白质、脂类和糖类，以及矿物质元素和维生素的质量和比例要合适。举例说，如果一位准妈妈体重为60千克，每天应摄入蛋白质80克、糖类即主食为0.4～0.5千克；对于基础体重较大的准妈妈，应选择低热量食品，严格控制热量的摄入量。此外，准妈妈还应特别注意矿物质元素和维生素的合理摄入量，尤其是铁、叶酸、钙和锌的补充，还应适当增加碘、维生素A、B族维生素、维生素C、维生素D等的摄入量。只有营养摄入合理，才能预防准妈妈肥胖症的发生。

控制食量：主要控制糖类食物和脂肪含量高的食物，米饭、面食等粮食均不宜超过每天标准供给量；动物类食物，可多选择脂肪含量相对较低的鸡、鱼、虾、蛋、奶，少选择含脂肪量相对较高的猪肉、牛肉、羊肉，并适当增加一些豆类食物，这样不仅可保证蛋白质的供给，又能控制脂肪的摄入量；少吃油炸食物、坚果、植物种子类的食物，这类食物的脂肪量也较高。

多吃蔬菜和水果：可多吃一些蔬菜和含糖分较少的水果，这样既可以替代糖类以缓解饥饿感，又可增加维生素和矿物质的摄入量。

胎宝宝在迅速成长

胎位基本固定了

这个月胎宝宝的身长为38～41厘米，体重1100～1700克。胎宝宝的颜面已长得相当结实，肺等内脏器官以及脑、神经系统都发育到一定程度。呼吸运动还不规则，肺囊亦未充分扩展开来，羊水量不再像以前那样增加了，迅速成长的胎宝宝身体紧靠着子宫。一直自由转动的胎宝宝，到了这个时期，位置基本固定了，由于头部较重，一般头部自然朝下。在怀孕25～26周时，约有50%的胎宝宝胎位不正（胎宝宝的头在上面、脚在下面），但是不用紧张，有些胎宝宝会用自己的脚去踢子宫壁，在羊水中慢慢地掉头，变成头部在下、臀部在上。过了孕30周以后，大约有90%的胎宝宝的胎位是正常的。

胎宝宝会做出反应了

胎宝宝的听觉在这一时期已经基本发育成熟，准妈妈日常生活中接收到的各种声音会逐渐传至胎宝宝脑部。胎宝宝听到声音时，胎动会有抑制的倾向，心跳也会发生变化。通常，根据准妈妈的感情变化，胎宝宝的反应分为心跳没有变化（抑制型）和心跳有变化（反应型）两种。所以，准妈妈温柔地说话非常重要，如果胎宝宝听到很大的声音或语气严厉的声音，胎动就会出现紊乱，胎宝宝会感到不愉快，血压就会剧烈波动，容易造成贫血。

第8个月的胎宝宝已经会打哈欠了，而且也会出现想睡的眼神和表情，眼皮似睁似闭，头部左右摆动，有时吸吮手腕、手指。尤其是当准妈妈饿了时，胎宝宝会吸得更起劲，嘴巴张得大大的，好像在需求什么似的。

准妈妈的“斑马”肚子也挺美

准妈妈腹部妊娠纹加深

准妈妈的腹部逐渐变大，下腹部的皮肤浮现出宛如割线般的妊娠纹。此时，胎宝宝的动作通常会配合准妈妈的生活节奏，当准妈妈剧烈动作时，胎宝宝会一动也不动，而当准妈妈睡觉或休息时，胎宝宝就会活泼地运动起来。对准妈妈而言，从怀孕第8个月开始，负担开始变重。在日常生活中也会变得行动不便，很容易疲倦，有时腰会疼，有时脚跟刺痛，小腿肚也常会出现抽筋现象。由于子宫压迫到下肢大静脉，准妈妈睡觉的时候如果仍采取平躺的姿势，会发生仰卧位低血压现象，即血压下降、胸口发闷、冒冷汗。这个时期也是准妈妈最容易产生浮肿、贫血、高血压、糖尿病、蛋白尿、异常出血等现象的时期，所以准妈妈要多加防范。

充满期待，又心存焦虑

怀孕到了第8个月，准妈妈身体不便，行动受到限制，但这时仍要坚持胎教。由于离生产的日期越来越近，准妈妈对分娩既充满期待，又心存焦虑；既希望早日和自己的小宝贝见面，又担心分娩中会出现异常情况。特别是现在的准妈妈大多为初产妇，普遍有这种心理。为了缓解这种心理，一方面，家人要更加关心、体贴准妈妈，鼓励她树立信心，消除她对分娩的恐惧心理，以最佳的状态迎接宝宝的诞生；另一方面，可多向医生了解一些分娩的知识和常识，用科学知识来打消准妈妈心头的疑虑。

多元胎教时光：迎接胎教的“尖峰时刻”

联想胎教：

促进胎宝宝形成意识的萌动

胎宝宝和准妈妈之间心灵情感相通

大量研究表明，妊娠期，胎宝宝和准妈妈之间由于血脉相连，会有心灵和情感的相通。

比如，准妈妈心情愉快、恬静时，胎宝宝在腹中就会表现得安静；反之，如果准妈妈盛怒、发火，胎宝宝在腹中就会表现得躁动不安。准妈妈孕期情绪和心情的好坏会直接影响胎宝宝出生后的性格，因此准妈妈所传递的情感信息对胎宝宝至关重要。

联想胎教的内容很重要

在日常生活中，少数准妈妈会因怀孕后身体不适而对胎宝宝产生怨恨的心理以及不好的联想，这时胎宝宝在母体内就会意识到准妈妈的这种不良感受，从而引起精神上的异常反应。在这种情况下发育的胎宝宝出生后大多数会有情感障碍，出现感觉发育迟钝、情绪不稳、易患胃肠疾病、体质差等现象。

因此，准妈妈必须在妊娠期间排除不良的意识和联想，尽量多想些美好的事物，如名画、美景、乐曲、诗篇等所有美的东西，将善良、温柔的母爱充分体现出来，从各个方面来爱护和关心胎宝宝的成长。

胎教准备

联想胎教是通过准妈妈的联想产生一种信息，进而传输给胎宝宝，并在胎宝宝身上起作用的一种胎教法。所以，它可以贯穿于所有胎教方法中。

8个月的胎宝宝，脑、神经系统都发育到一定程度，因此，准妈妈展开联想胎教，可以促进胎宝宝形成意识的萌动。

胎教实施

进行联想胎教的具体方法：准妈妈在欣赏音乐时，就可以借助乐声，对乐曲所描述的画面展开联想；准妈妈在阅读文学作品、欣赏绘画作品时，可以对场景和画面意境展开联想；准妈妈在亲近大自然时可以对诗情画意的美景展开联想。

胎教效果

联想胎教要求准妈妈所听的音乐、所读的作品、所欣赏的画面是积极美妙的，准妈妈所联想的内容也必须是健康美好的。只有这样，胎宝宝才能接收到良好的意识信息，从而促进胎宝宝意识的萌芽和心智的发育。

温馨小贴士

教胎宝宝识别图形：胎宝宝具有敏锐的感受力和学习力。不仅外界的人、事、物会在胎宝宝脑中留下潜在印象，准妈妈的行为与心理更会对胎宝宝产生深远的影响。所以说，此时教胎宝宝认识图形并不是一件毫无意义的事。首先，准妈妈可以教胎宝宝认识正方形，要找出身边呈正方形的实物来进行讲解。“和卡片上的图形一样的东西在哪儿呀？”先提出问题，然后和胎宝宝一起寻找。准妈妈也可以拿起一个正方形物体，一边讲“这是正方形”，一边用手描摹图形的轮廓，通过这种“三度学习法”进行胎教。

在学习这类图形时，最系统的教具可以说是积木，准妈妈可以把积木和日常生活用品联系在一起，穿插着讲给胎宝宝听。

音乐胎教：

刺激胎宝宝情绪的强化发育

胎教准备

8个月大的胎宝宝听觉已经渐渐发达，日常生活中出现的各种声音可以逐渐传至胎宝宝脑部。所以，怀孕8个月时的音乐胎教除了可运用准妈妈自己欣赏音乐，用胎教传声器给胎宝宝“听”音乐的方法外，还可实行“母教子唱”法。

胎教实施

准妈妈可先练习音符的发音或较简单的乐谱，这样胎宝宝会比较容易接收，比如唱“1 2 3 4 5 6 7”“7 6 5 4 3 2 1”这7个音符，反复轻唱若干遍，每唱完一个音符，停顿几秒钟，这几秒钟即是胎宝宝“复唱”的时间，然后再依次进行。如果用耳机在准妈妈腹壁放音乐，则耳机音量以60分贝为宜。怀孕8个月后反复播放一首固定的乐曲，可为出生后的孩子培养音乐爱好，并为开发孩子的想象力打下基础。

这个时期选择的胎教音乐，要求在频率、节奏、力度和响度范围等方面，应尽可能与宫内胎心音合拍。若音乐频率过高，会损害胎宝宝内耳基底膜上的螺旋器，使其出生后听不到高频声音；若音乐节奏过强、力度过大，会导致胎宝宝听力下降。

胎教效果

尽管胎宝宝有听觉，但胎宝宝毕竟不能唱，准妈妈只要能充分合理地发挥自己的想象，就能让腹中的胎宝宝神奇地“张开”蓓蕾似的小嘴，跟着音律和谐地唱起来。

运动胎教：

促进胎宝宝肢体的活动发展

胎教准备

怀孕8个月时，尽管准妈妈已经感到行动不便了，医生也可能嘱咐准妈妈要注意行动的安全，以免发生早产，但这不等于说，准妈妈在这段时间不能运动。其实，准妈妈在这段时间里进行一些舒缓的运动是非常有利的，比如散步，可以避免难产。散步是准妈妈锻炼心脏血管的最佳方式之一，不仅可以让准妈妈保持健康，还不会给膝盖和脚踝带来伤害；准妈妈在散步的同时，胎宝宝也会增强胎动，可以促进胎宝宝肢体的活动。

胎教实施

准妈妈可以每天早晚到户外散步。散步时间和距离没有一定的要求，最好以准妈妈自己感觉舒适而不疲劳为宜；散步时要避开拥挤、嘈杂的公共场所，最好选择幽静、空气清新的地方，地面要平坦，绕开坡地和台阶，注意安全；散步时要穿舒适的软底鞋，冬天注意保暖，夏天注意防暑，盛夏和严冬最好不要进行室外散步。

胎教效果

准妈妈散步时，边呼吸新鲜空气，边欣赏大自然美景，可以增强心肺和神经系统的功能，促进新陈代谢，使腿肌、腹壁肌、心肌都得到一定的锻炼；散步过后，准妈妈会产生轻微适度的疲倦，有助于增进食欲和改善睡眠，还可以帮助准妈妈改善心情，消除烦躁和郁闷。

此外，准妈妈进行散步运动，可以使动脉血大量增加，促进血液循环，对身体细胞的营养，特别是心肌细胞的营养有良好的作用。并且，散步时，准妈妈肺的通气量会增加，呼吸变得深沉，有益于准妈妈和胎宝宝的健康。

光照胎教：

刺激胎宝宝视觉产生反应

胎教准备

由于胎宝宝的视觉较其他感觉功能发育缓慢，孕30周以前，胎宝宝还不能凝视光源，直到孕36周，胎宝宝对光照刺激才能做出反应。因此，这个时期需要强化对胎宝宝的光照胎教。

胎教实施

每天准妈妈可定时在胎宝宝睡醒时用手电筒（弱光）作为光源，紧贴腹壁照射胎宝宝。为了让胎宝宝可以适应光的变化，结束前可连续关闭、开启手电筒数次，以利于胎宝宝的视觉健康发育。

胎教实施中，准妈妈最好将自身的感受详细地记录下来，如胎动的变化是增加还是减少，胎宝宝受到光照刺激后动作的轻重，是肢体动还是躯体动等等。通过一段时间的训练和记录，准妈妈可以总结一下胎宝宝对光照刺激是否能建立起特定的反应或规律。另外，光照胎教可以配合对话胎教进行，这样综合的良性刺激对胎宝宝更有益。

在进行光照胎教时需注意光照不能太强，照射时间也不宜过长，每次5分钟左右。不要在胎宝宝睡眠时进行胎教，这样会影响胎宝宝正常的生理周期，必须在有胎动的时候对胎宝宝进行胎教。

胎教效果

从妊娠7～8个月开始，每天定时对胎宝宝实施光照胎教，有利于促进胎宝宝的视觉反应。由于胎宝宝的视力较弱，比较害怕强光刺激，因此光照不能太强烈。

宝贝，

这是我们给你的第 8 封信

大肚照时间！

拍摄时间：

孕　　龄：

体　　重：

PART 10

开始培养
胎宝宝的艺术细胞

孕9月

准妈妈健康课堂：从没有一种辛苦如此快乐

产前制订好分娩计划

为后期胎教创造良好的宫外环境

到了孕晚期，准妈妈必须要渐渐进入待产的心理准备阶段，多休息，积极创造良好的生活环境，给胎宝宝提供一个有充足阳光、清新空气和适宜"居住"的环境。

多进行阳光浴

阳光能使人体产生维生素D，进而促进体内重要营养元素钙、磷的正常吸收，以满足母体孕期对钙、磷元素的较大需求。

同时，阳光还可以促进血液循环，阳光中的紫外线还具有杀菌消毒的作用，能杀灭麻疹、流脑、猩红热等传染性病菌。因此，准妈妈在孕晚期休息时可以常晒太阳，多进行阳光浴。

多呼吸新鲜空气

新鲜的空气与充足的阳光同样重要，它可以说是准妈妈及胎宝宝的另一种营养品。树林中的氧大部分是以一种带负电的离子氧状态存在的，这种负离子对人体极为有益，具有调节神经系统和改善血液循环系统的功能，可以说是准妈妈和胎宝宝的"空气维生素"。

准妈妈可以利用每天散步的机会，尽量多地摄入负离子氧，以满足胎宝宝健康成长的需要。有条件的话，准妈妈可以每天到公园、草地、树林等阳光充足、空气清新的地方去散步。

多亲近大自然

准妈妈选择散步的地方也很重要，尽量不要去人群密集的地方，最好在大自然中行走。这样就可以一边接受阳光中紫外线的消毒，一边吸入树木放出的大量氧气；同时还能感受到大自然的鸟语花香，借助自然界中的鸟鸣蝉歌来调节中枢神经系统，从而放松心情，修身养性。

此外，大自然中充满了神奇、美丽和温馨，准妈妈常常亲近大自然，不仅可以欣赏到诗一般的奇观，还能感受到自然美，这些美的感受不断地在大脑中汇集、组合，可以经过准妈妈的情感通路传递给胎宝宝，使其也能受到大自然的间接熏陶，这也是促进胎宝宝智力开发的重要基础。

高危准妈妈需做胎心电子监测

到了妊娠期第9个月，准妈妈需要进行胎心电子监测。胎心电子监测是指通过胎心监护仪来监测胎宝宝的心率，同时让准妈妈计胎动数，观察这段时间内胎宝宝的胎心率情况和胎动后的胎心率变化，从而给医生提供依据来判断胎宝宝在子宫内是否缺氧以及胎盘的功能是否正常。正常情况下，胎宝宝在20分钟内应该有3次以上的胎动，胎动后的胎心率会每分钟增加15次以上。

胎心电子监测一般在怀孕33～34周以后进行，建议怀孕36周后每周进行一次胎心监护，高危准妈妈应该每周进行两次胎心监护。

开始制订分娩计划

分娩的日期越来越近，准妈妈的心情一定很复杂，既有点担心又有点兴奋。此时，准妈妈可以做一些事情来迎接宝宝的到来，这里为准妈妈罗列了一张清单，准妈妈可以对照一下看看自己的准备工作做得怎么样：

对从家里到医院所经过的路线要熟悉；

对驾车从家到医院花费的时间做到心中有数，一定要把堵车时间算上；

准备好有关的电话号码，尤其是医院的电话号码；

准备好准妈妈在定点医院检查的各种报告以及生产时需要用的一整套东西，并放置于易取到的地方；

列出宝宝出生后要立即通知的人员名单；

购置好所需的婴儿护理用品和衣物；

装饰好宝宝的房间，安排好家具和玩具；

再检查一下私家车，要确保随时能安全上路，赶往医院；

确保备用车胎完好，有足够的气；

确保移动电话一直有电；

准爸爸要尽自己最大的努力避免整夜不能在家的加班工作。

胎宝宝基本发育成熟

胎宝宝有明显变化了

9个月大的胎宝宝身长为45～48厘米，体重大约为2500克。全身开始长出皮下脂肪，身体逐渐变圆、变大，皮肤变得有光泽。全身长满的毫毛开始消退，指甲很快长出。男孩子的睾丸下降至阴囊中，女孩子的大阴唇隆起，左右紧贴在一起，生殖器几乎已发育完全。胎宝宝面貌已定型，表情也变得丰富，或笑或哭，这正是胎宝宝心智已有明显成长的表现。胎宝宝的眼睛时开时闭，眼球可以转动，头也可以左右回转。到怀孕第9个月结束，胎宝宝已经可以把自己的手指送到嘴里，可将此行动视为随意运动的开始。统御呼吸器官的中枢神经和肺功能已发育成熟，听觉、视觉、触觉、痛觉等各种感觉都与脑干紧密地结合在一起，而此时也是它们与部分脑皮质联系的开始。

提前出生能成活

胎宝宝对外界的反应也是从这个时候开始，不过这种反应与大人所认定的反应有相当大的差距。这时，胎宝宝的肺和胃肠功能都很发达，已具备呼吸能力；胎宝宝会喝进部分羊水，能分泌少量的消化液，尿液也排在羊水中。因此，胎宝宝若在这个时期出生，有可在暖箱中成长的能力。

女王的日子不好过

准妈妈的肚子像一个倒置的梨子

这时的准妈妈子宫呈倒梨状，它的顶部，也就是子宫最上面的部分被称为子宫底。子宫底随着胎宝宝的成长逐渐变大，而子宫底的位置也逐渐往上升，子宫底升到最高位置大约是在怀孕第9个月的时候，此时已升到心窝附近而直接压迫到胃了。

这时的准妈妈可能会食欲不振，体重亦有急速下降的倾向。准妈妈除了胸部好像被什么东西顶住的感觉之外，身体也变得很难弯曲，浑身没劲而且不想动，特别是上下楼梯时，会显得格外笨拙，步行也变得很容易跌倒。所以，此时的准妈妈要不慌不忙，慢慢行走。

准妈妈身体负担越来越重，真有点着急了

准妈妈怀孕至第9个月时，身体负担变得很重，不仅行动不便，也很容易疲倦，因此一些准妈妈便会出现心情焦虑的现象，希望早一点把孩子生下来，卸下负担。然而十月怀胎，一朝分娩是急不得的事，如果准妈妈无法排遣这种情绪，无疑会影响胎宝宝的心智发育。

这时，准爸爸要努力帮助准妈妈调整情绪，做好准妈妈的思想工作，陪准妈妈愉快地度过分娩前的最后一段日子，和准妈妈一起把养胎坚持到底，共同走完这一孕期最后的时光。此外，准妈妈分娩前行动不便，准爸爸还要多方照料，体贴入微，每天陪准妈妈活动、散步，以利于准妈妈的宫缩，但要注意，不能让准妈妈太疲劳。

多元胎教时光：对胎宝宝实施全方位胎教

营养胎教：

准妈妈可适量多吃些海产品

胎教准备

怀孕至第9个月时，是胎宝宝脑部发育在接近预产期时神经和神经胶质分化速度最快的时期，所以需要准妈妈多吃一些营养丰富的海产品。

胎教营养餐

紫菜卷

原料：河鳗750克，紫菜5张，鸡蛋3个，小葱5根，姜末、料酒、盐、淀粉、香油各适量。

做法：将河鳗洗净，用刀沿着背剖开，剔去脊骨，去皮，除去筋、骨，用刀剁成细泥，放入碗内，加入姜末、料酒、盐、鸡蛋清（1个）、冷水，用力搅拌，再拌入淀粉、香油，即成鱼泥；鸡蛋磕入碗内，加入淀粉、盐，用筷子打匀，在锅内分别摊成5张蛋皮待用；摊开1张紫菜，覆上1层蛋皮，再抹上1层鱼泥，中间放1根小葱，顺时针卷拢。依此方法，做成5条紫菜卷，放入蒸笼，用大火蒸10分钟，取出冷却后，切成斜刀块即可。

虾子海参

原料：干海参150克，干虾15克，盐3克，肉汤500克，淀粉、酱油各6克，葱、姜各15克，植物油、料酒各30克。

做法：将干海参放入锅内，加入清水，加盖用小火烧开后，熄火静置，待其泡发胀至软时捞出，剖肚挖去肠，刮净肚内和表面的杂质，洗净；将洗净的海参放入锅内，加入清水，用小火烧开后再次熄火静置，待其泡发胀，海参即可发透；在发透的海参肚内先划十字花刀，然后入开水锅内烫一下，捞出，沥干水分备用；将虾洗净，盛入碗内，加入适量的水和料酒，上笼蒸约10分钟后取出；将锅烧热，放入植物油，放入姜、葱，煸炒后捞出，烹入料酒，加入肉汤、盐、酱油、海参、虾；煨成浓汤汁；最后用淀粉勾芡，起锅，装入盆内即可。

特点：本菜鲜滑、味浓，富含胎宝宝生长后期所需要的营养素。

桂圆猪心

原料：桂圆肉20克，猪心1个，姜、胡椒、料酒、盐各适量。

做法：将猪心剖开，去掉脂肪、筋膜，再将桂圆肉洗净，姜切片；将猪心焯水、过凉水，然后与桂圆肉、姜片及适量水一起入锅，用小火煮2小时；最后加入胡椒、料酒、盐调味即可。

醋拌蜇皮

原料：水发海蜇皮400克，油菜50克，大蒜10克，醋、盐、香油各适量。

做法：将海蜇皮洗净；大蒜、油菜、海蜇皮均切成丝；海蜇皮丝用热水淋烫后立即用冷开水冲，然后放入容器内，加入蒜丝、油菜丝拌匀；最后加入醋及其他调料拌匀即可。

胎教效果

因为海洋动物食品营养十分丰富，富含脂肪、胆固醇、蛋白质、维生素A和维生素D，这时如果准妈妈摄入足够的热量和蛋白质，将帮助胎宝宝脑细胞的分化以及发育。同时，胎盘在怀孕34～36周时滋养层上皮细胞最多，以后不再增多，此时若准妈妈摄入热量和蛋白质不足，胎盘滋养层上皮细胞数量就会减少，因此将会妨碍对胎宝宝氧和营养的供应。

美育胎教：对胎宝宝进行心智训练

胎教准备

9个月大的胎宝宝已有初步的意识，所以对胎宝宝进行心智发展的训练以较抽象、较立体的美育胎教法为主。

美育胎教要求准妈妈通过听、看、体会生活中一切美好的事物，将自己美的感受通过神经系统传导输送给胎宝宝。听主要指听音乐；看主要指阅读一些优秀的作品和欣赏一些优美的图画；体会既指贯穿听、看活动中的一切感受和领悟，也指准妈妈亲近大自然时对自然美的体会。

胎教实施

听出“美音”：怀孕9个月的准妈妈在欣赏音乐时，可选择一些主题鲜明、意境饱满的作品，比如贝多芬的《月光奏鸣曲》、肖邦的《英雄》、维瓦尔第的《四季》等。

看出“美意”：准妈妈要选择那些立意高、风格雅、个性鲜明的作品阅读，尤其可以多选择一些中外名著来阅读。比如，中国现代作家朱自清和俄国著名作家屠格涅夫的散文，中国古代诗词及外国诗人普希金、雪莱等人的诗歌，西方著名作家雨果、托尔斯泰的作品和中国现、当代的著名小说等。准妈妈在阅读这些文学作品时一定要边看、边思、边体会，强化自己对美的感受，这样胎宝宝才能受益。有条件的话，准妈妈还可以看一些著名的美术作品，比如中国的山水画、西方的油画等。

体会出“美感”：准妈妈在这个阶段也要适度走动，可以到环境优美、空气质量较好的大自然中去欣赏大自然的美，这个欣赏的过程就是准妈妈对自然美的体会过程。

胎教效果

准妈妈选择主题较鲜明的美术作品和音乐作品进行欣赏，能促使自身美好情怀的涌动，有利于胎宝宝的心智成长。在欣赏美术作品时，准妈妈要调动自己的理解力和鉴赏力，由此而产生的美的体验一定会传递给胎宝宝。准妈妈通过饱览美丽的景色而产生的美好情怀，可以促进胎宝宝脑细胞和神经系统的发育。

名作赏析

《西斯廷圣母》完成于1514年，这幅祭坛画被指定装饰在为纪念教宗西斯笃一世而重建的圣西斯托教堂内的礼拜堂里。最初它被放在教堂的神龛上，至1574年为止一直保存在西斯廷教堂里，故得此名，现由德国德雷斯顿博物馆收藏。拉斐尔这幅《西斯廷圣母》中的圣母既像一位善良的民间女性，又似一位严肃的女王。《西斯廷圣母》所具有的文雅、温柔与美貌，使一位俄国画家感慨地赞美道："拉斐尔画的圣母，本身就是对人类想象力的创造。"这一庄严而典雅的圣母形象，可以说是画家所有圣母像中集大成者，是最成功的一幅圣母像。

拉斐尔在画面里创造了一个具有崇高牺牲精神的母性形象。为拯救人类，圣母将儿子送向人间。画中，绿色帷幕刚刚揭开，圣洁而美貌的圣母赤着双脚，怀抱耶稣，在光辉普照的天空的背景中徐徐下落，来到人间。她似乎正在挪动轻盈的步子，从云端里走下来，她以晶莹的目光注视着苦难的人间，被紧紧搂着的小耶稣瞪着两只眼睛，似乎正等待着圣母为他决断未来的命运。整幅画面虚实相生而又流畅平稳，分散的人物实际上是在一个圆形的色彩联合体内。观者既能领悟到直观的形象，又能产生一种和谐的幻觉。

情绪胎教：正视分娩前的负面情绪

胎教准备

随着预产期的来临，准妈妈欣喜的同时，心中的恐惧感也愈来愈重：分娩痛不痛？剖宫产对宝宝好不好？宝宝还需要什么物品？……这些问题很容易造成准妈妈的心理负担，甚至产生心理障碍。为此，准妈妈不但要积极学习孕产知识，还要学会调整心态，这样才有助于改善准妈妈分娩前的情绪。

稳定情绪

怀孕后的女性情绪较为脆弱，尤其是进入分娩期的准妈妈更会出现不同程度的情绪紧张。准妈妈因为心理上害怕分娩、疼痛、出血，经常处于焦虑不安和躁动的灰色心理中。持久的情绪紧张会造成恶性循环，容易出现心跳加快、血糖增高、心慌、恶心、食欲减退、身体颤抖等不良反应。准妈妈可以通过以下几点来克服不良情绪：

1. 准妈妈需要了解一些怀孕、分娩的常识；
2. 临产入院的准妈妈更应充满信心，保证充足的睡眠及饮食，吃些易消化、高营养的食物；
3. 临产时排除杂念，宫缩时放松全身，做深呼吸；
4. 在宫缩间歇期休息，尽量让自己处于平静安适的状态。

克服分娩镇痛

准妈妈分娩前会有疼痛的反应，这是产生恐惧的根源。多数情况下经过助产人员的精心护理、安慰和鼓励，准妈妈可以克服分娩引起的疼痛。只有少数准妈妈需要镇痛剂或麻醉剂才能舒缓情绪。当然，也有一些方法可以缓解准妈妈的这些痛楚。

让身体保持舒适：助产人员或其他家人要帮助准妈妈采取最舒适的体位，可以侧卧，把关节处微微屈曲；需要平躺的时候，再帮助准妈妈抬高床头；经常按摩一下背部或是翻翻身体也能松弛肌肉，让准妈妈有舒适感。

减轻焦虑：指导准妈妈认识分娩的生理过程，耐心地倾听准妈妈的诉说，家人要陪伴其身边，不断给予鼓励，及时肯定准妈妈的呼吸及松弛技巧，减轻准妈妈对自己处理能力的焦虑。给准妈妈准备一些如何应对分娩期可能遇到的不适的资料，有助于准妈妈临产时控制自己的反应；在准妈妈进行各种检查或护理前，告诉她为什么这么做，要做些什么，这样也能减轻焦虑，降低疼痛的强度。

应用护理技巧：准妈妈过于紧张会增加疼痛的感受，需要家人不时地跟她聊聊天，回忆一下以前的快乐日子或是一起憧憬宝宝降临后的美好未来，这些都能分散她的注意力，缓解疼痛。触摸或是腹部按摩的方法也能减轻准妈妈的紧张心理，减轻阵痛感。

应用止痛剂：对于那些身体有特殊需要或是精神极度紧张的准妈妈，可以按照医嘱使用少量的止痛剂。用药期间家人或是医护人员一定要认真观察，以免出现异常反应。

音乐胎教：

促进胎宝宝情绪的发展

胎教准备

鉴于9个月大的胎宝宝有了意识，所以这一阶段的音乐胎教的目的主要是促进胎宝宝情绪的进一步发展，进一步刺激胎宝宝的心理和智力的发育。准妈妈可以选择自己欣赏音乐，也可以选择让胎宝宝“听”音乐。

胎教实施

9个月大的胎宝宝的音乐胎教在选乐曲时要选择那些注重抒发作曲家内心情感、充满深切的关怀情感、旋律流畅、意境深远的作品，尤其要选择一些有思想深度，能激发准妈妈思考，对胎宝宝心智有利的音乐作品，如贝多芬的《致艾丽丝》、德沃夏克的《新世界》、海顿的《小夜曲》，以及莫扎特的大部分音乐作品。准妈妈在进行音乐胎教时，一定要注意体会音乐的意境，必须对自己的情绪有所掌控，千万不能在欣赏音乐时开小差、胡乱联想，以避免产生不良的情绪。

如果让胎宝宝听音乐，切记不可选择高频部分声压及音乐力度较大的作品，如法国钢琴家理查德·克莱德曼改编自贝多芬《命运交响曲》的现代钢琴曲《命运》、柴可夫斯基的《悲怆交响曲》等，这些都不太适合给胎宝宝听。

胎教效果

有很多实例证明，经过进一步的音乐胎教，胎宝宝的情绪会有进一步的发展，心智也一定比没有经过音乐胎教的宝宝要成熟。

宝贝，

这是我们给你的第 9 封信

大肚照时间！

拍摄时间：～～～～～～～～～～～～～

孕　　龄：～～～～～～～～～～～～～

体　　重：～～～～～～～～～～～～～

PART 11

用胎教帮助胎宝宝准备进入新世界

孕10月

准妈妈健康课堂：胎宝宝足月了！

密切关注胎动，掌握分娩必备常识

如何运动助分娩

怀孕期间，准妈妈的身体会发生很多变化，因此有规律的运动，不仅对准妈妈和胎宝宝都有好处，而且还可以帮助准妈妈的身体为艰难的分娩过程做好准备。那么，有哪些运动有助于分娩呢?

散步：散步可以帮助准妈妈消化，促进血液循环，增强耐力，而耐力对分娩是很重要的。在孕晚期，准妈妈经常散步还可以帮助胎宝宝下降入盆，松弛骨盆韧带，为健康分娩做好准备。准妈妈散步的步速和时间要循序渐进，而且最好有家人陪伴。

孕妇体操：这种有氧运动有利于准妈妈分娩和产后恢复。它能松弛准妈妈腰部和骨盆的肌肉，为分娩时胎宝宝顺利通过产道做好准备；经常练习的准妈妈还能增强自信心，镇定自若地应对分娩阵痛。

轻松分娩的动作练习

在分娩之前，准妈妈可以通过动作练习来模拟分娩时的场景，以帮助身体提前做好准备。在练习动作的时候，准妈妈要非常小心动作的幅度，并把握好练习的时间，不要过度劳累。

● 腹式呼吸的练习

腹式呼吸是阵痛或分娩时必做的项目。盘腿坐可以有效地松弛骨盆底部肌肉（阴道、肛门、尿道周边的肌肉）。

具体做法：盘腿而坐，拉伸背部肌肉，双手放在下腹部；边呼气边放松双肩，然后吸气，当腹部胀满后再用嘴慢慢呼气。如此反复练习2～3次。

练习时注意力要集中在呼气上，时间尽量长一些。

双手分别放在两膝上，上身前倾，边呼气边轻轻向下按压双膝；然后直起上身，边吸气边慢慢恢复两膝至原来的位置。如此反复练习3次。

骨盆的练习

骨盆的练习可以有效地预防准妈妈发生腰痛，还可以对分娩时所涉及的肌肉进行锻炼。

具体做法：身体呈爬姿，手、脚与腰同宽；边呼气边绷紧腹部，前倾骨盆，勾起后背；吸气后，边呼气边放松腹部，然后一边恢复到原来的姿势一边向上抬头。

提腹运动

提腹运动可以收紧准妈妈臀部和骨盆底部的肌肉，有助于分娩。

具体做法：身体呈仰卧姿势，弯曲双膝，与腰同宽；双手伸直，掌心朝下，放在身体两侧；边呼气边挺起腰部；之后保持此姿势，边吸气边默数5下，然后再边呼气边慢慢放下腰部。如此反复练习3次。

腰部扭转运动

腰部扭转运动可以锻炼准妈妈骨盆处的肌肉。

具体做法：身体呈仰卧姿势，并拢双膝，向左侧慢慢放倒，大约呈45°角；保持此姿势5秒，然后恢复成原来的姿势，再向右侧放倒。如此反复练习3次。双腿与腰同宽，用腹式呼吸进行放松。

胎宝宝变得红润丰满

胎宝宝发育完全

怀孕第10个月，胎宝宝的正常体重可达到3200克，身长也有50厘米左右。此时，胎宝宝皮肤表面的褶皱已消失，变成一个淡黄色的、胖乎乎的小人儿了。头盖骨变硬，指甲也长到超出手指尖，头发长2～3厘米。毫毛几乎看不见了，胎脂在后背、屁股、关节等处已稍许可以看得到了。皮下脂肪已相当丰富，骨骼也长得十分结实，肌肉相当发达，身体维持在一定的张度，而非弛缓状态。以心脏、肝脏为首的循环、呼吸、消化、泌尿等器官已全部形成，此时的胎宝宝已经可以在母体外独立生活了。有些胎宝宝的头部已进入准妈妈的骨盆之中。

一直睡着的“小懒虫”

此时，由于胎宝宝的头部已在准妈妈的骨盆入口或已进入骨盆中，所以胎宝宝剧烈运动的情况已经较少了。不过，有些胎宝宝在分娩之前还是动得很厉害，所以也不能一概而论。

与怀孕9个月时相比较，胎宝宝胎动的次数已减少很多，感觉上似乎稳重多了。这一时期的胎宝宝以睡觉为主，非必要的时候是很少活动的。各种成熟的动作是胎宝宝本身自主性地发挥，并且随时准备好要面对外面的世界。从这一阶段一直到胎宝宝足月，胎宝宝的神经系统仍处于混沌未开的状态，子宫内的整个生命只靠着低级动物反射性控制方式来维持和推动。

快了，再坚持一下

准妈妈身体非常笨重，动作十分吃力

此时，准妈妈身体变得非常笨重，即使只是轻微的活动也会显得相当困难，动作十分吃力。准妈妈的体重增加十分迅速，同时下肢、手、腰部等处也很容易浮肿。

在分娩前7～14日，准妈妈会感觉到胎宝宝似乎在骨盆内急速下降，同时开始出现尿频、腰部酸软、慵懒、肚子发胀的现象，有时还会有不规则的子宫收缩，排出的黏液中掺有少许的血丝，胎动变少。这一时期也是产道软化和子宫颈短缩的时期。若是初产者，可能会偶尔感受到类似痛经的腹痛，这称为“假性宫缩”；若是经产者，则子宫颈短缩，子宫口开大的倾向增强，因此，此时千万疏忽不得。

准妈妈情绪有些反复

随着产期一天天临近，准妈妈的身心负担越来越重。准妈妈在期待宝宝出生的同时，会担心分娩是否疼痛，选择顺产还是剖宫产，宝宝生下来是否健康，奶水是否充足，如何养育宝宝等问题。

这种紧张的心理负担若不及时疏导，就会产生忧郁的心理障碍。忧郁主要表现为情绪不好，常为一点小事而感到委屈甚至落泪，烦躁焦虑，睡眠不好。这对准妈妈和胎宝宝的健康都不利。这时，预防准妈妈产生忧郁的心理显得尤为重要。

当准妈妈在孕晚期出现忧郁心理时，准爸爸及其他家人对此要有足够的认识，尽早做心理准备，主动排遣准妈妈的忧郁情绪，尽量帮助准妈妈打消不必要的担心，或帮助其将所担忧的问题尽早解决，消除准妈妈对生产的恐惧和紧张心理。在准妈妈情绪不稳时，准爸爸要全力照料好准妈妈的生活，尽量耐住性子顺着准妈妈、包容准妈妈。只要准爸爸和准妈妈共同努力，克服不利于生产的恶劣情绪，就一定能够平安度过分娩的关口，迎来健康可爱、活泼聪颖的小宝宝。

多元胎教时光：准妈妈心情好，胎宝宝更健康

营养胎教：吃对吃好，增加“产”力

胎教准备

临产时，由于宫缩阵痛，有的准妈妈不吃东西，甚至连水也不喝，这是不好的。临产相当于一次重体力劳动，准妈妈必须有足够的能量供给，才能有良好的子宫收缩力。只有宫颈口开全，准妈妈才有体力把孩子分娩出来。如果准妈妈进食不佳，后果是极为严重的。为了孩子及准妈妈的健康，临产前和临产时准妈妈通过食物补充能量是很必要的。

胎教实施

临产时准妈妈吃什么好呢？这是每位准妈妈及其家人非常关心的问题。此时，一阵阵的宫缩痛，会影响准妈妈的胃口。所以准妈妈应学会在宫缩间歇期进食的方法。根据准妈妈自己的爱好，可选择蛋糕、面汤、稀饭、肉粥、藕粉、点心、牛奶、果汁、苹果、西瓜、橘子、香蕉、巧克力等多种食物。每次宫缩间歇期进食，少食多餐，补充机体所需要的水分，如饮用果汁、糖水及白开水等。

有些准妈妈认为“生孩子时应多吃鸡蛋长劲”，便一顿猛吃十个八个鸡蛋，这种做法常常适得其反。因为人体吸收营养并非是无限制的，当营养过多摄入时，超额部分的营养就会经肠道及泌尿道排出。猛吃鸡蛋不仅会加重胃肠道的负担，还会引起消化不良、腹胀、呕吐，甚至会导致更为严重的后果。通常，准妈妈每顿吃1～2个鸡蛋就足够了。

临产期间，由于宫缩的干扰及睡眠的不足，准妈妈胃肠道分泌消化液的能力降低，蠕动功能也减弱，吃进的食物从胃排到肠道的时间也由平时的4小时延长至6小时，极易存食。因此，准妈妈最好不要吃难以消化的油炸或肥肉类等油性大的食物。

准妈妈在临产前1～2周，可吃姜饭或饮姜茶，使生产时更有力气；由于准妈妈产后阳气虚，容易在生产时受风，所以，产前或坐月子期间，食姜饭、饮姜茶都有助祛风，减少准妈妈患感冒的机会。

胎教效果

产前良好的营养摄入可以帮助准妈妈及时补充体能，让准妈妈能够有足够的体力应对漫长而痛苦的镇痛，顺利生出小宝宝。

情绪胎教：给胎宝宝带来好心情

胎教准备

由于临近生产，准妈妈容易心理紧张、情绪压抑，这种情绪对胎宝宝很不利。

这时，准妈妈就要尽量调整好自己的心态，培养良好、乐观的情绪，从而将美好的情绪传递给胎宝宝，给胎宝宝健康平安的到来创造一个宁静安谧的身心环境。

胎教实施

准妈妈在怀孕10个月时对胎宝宝进行情绪胎教，目的是为了给予胎宝宝有益的情绪影响，准妈妈的情绪胎教主要是坚持每天听几首优美宁静的乐曲，念几首美妙的诗歌，赏几幅意境悠远的画作，读几本意义深远的好书。

准妈妈不要看恐怖、紧张、色情、血腥的影视剧和小说。

准妈妈要努力做到胸怀宽广、乐观向上，多想想宝宝远大的前途和美好的未来，避免烦恼、惊恐和忧虑的情绪。

准妈妈要坚持有规律的饮食起居，按时作息；可以把生活环境布置得整洁美观，赏心悦目，还可挂几张漂亮宝宝的挂图，用来欣赏，想象腹中的胎宝宝也是同样的健康、可爱。

准妈妈还可以多欣赏花卉盆景和大自然中美好的景色，多到户外呼吸新鲜空气。

胎教效果

情绪胎教就是要求准妈妈通过阅读诗书，欣赏音乐、字画及美景来怡情养性，平和自己紧张不安的情绪，营造温馨宁静的身心氛围，从而达到对胎宝宝产生有益的影响。怀孕后期的情绪胎教可以帮助胎宝宝做好临产的准备，帮助胎宝宝进行情绪管理。

温馨小贴士

让胎宝宝感受到准父母的双重快乐：胎宝宝是一个活泼敏感的小生命，其发育与母体紧密相关，受准妈妈情绪影响尤为明显。因此，准妈妈若疼爱“腹中人”，在临产前就要为胎宝宝创造良好的宫内环境和精神世界。准妈妈豁达乐观的情绪有助于小生命的健康发育，也有助于宝宝出生后活泼开朗的性格的形成。准爸爸也要情绪乐观，积极地配合准妈妈的情绪调整，准父母乐观的性格会影响胎宝宝的性格。如果是性格比较内敛和消极的准妈妈，要试着将自己的情绪调整到最佳状态，多想想开心和幸福的事，多看看世间美好的一面，把真善美的一面讲述给胎宝宝听。这样不仅是在培养胎宝宝的性格取向，也会在无形中转变准妈妈自己消极的性格。

临产胎教：

进入良好的待产状态

胎教准备

这一时期，准妈妈不必过多采用刺激性大的胎教方法，如光照胎教等，最好采用听音乐的方法来抚平心绪，如乐曲《平沙落雁》之类的天籁之音，都能安抚准妈妈紧张的心情。同时，可以进行语言胎教和适度的运动胎教。

胎教实施

语言胎教可进行一些对话性内容，比如对即将出生的宝宝发出问候，母体和胎宝宝之间相互的鼓励和安慰等，为宝宝平安来到世界做最后的准备。

准妈妈每天起床后可以对胎宝宝进行抚摸并且和他（她）说话。准妈妈可以问候他（她）：“早上好，宝宝。”当然，别忘了多多赞美他（她），例如“宝宝好安静呀！”“宝宝真聪明！”等。每次语言胎教可进行5～10分钟。

接下来准妈妈可以听听音乐，放松心情，进食富含营养的早餐。注意，不要忽略营养胎教，它是胎教的重要组成部分。

如果在家里休息待产，准妈妈可以带着愉悦的心情朗读一些优美的散文、诗歌，选择些好听的故事讲给胎宝宝听。准妈妈要多多关爱胎宝宝，多和他（她）说话。准妈妈要以愉悦的心情和胎宝宝对话，并且要始终保持平和、宁静、愉快和充满爱意的心情，让胎宝宝感觉到幸福、安心。

在对话、朗诵的同时，可以配上背景音乐，或者给胎宝宝听旋律轻盈明快、使其心绪稳定的乐曲；准妈妈也可以每天哼唱几首自己喜爱的抒情歌曲或优美而富有节奏的小调等，对胎宝宝进行听觉训练。

天气晴朗的话，准妈妈可以出门做些轻微的散步活动。散步的时间最好选在清晨或傍晚时分。准爸爸陪同散步可以增加夫妻间的交流，也便于准爸爸对胎宝宝实施胎教。

由于临近分娩，准妈妈不要散步太长时间，感觉有些累的话，准爸爸可以让准妈妈坐在宽大舒适的椅子上，准爸爸坐在距离准妈妈50厘米的位置上，然后对着准妈妈的腹部和胎宝宝说："乖孩子，爸爸就在旁边，你想听我对你说什么吗？"随后，准爸爸应该用平静的语调开始对胎宝宝说话，随着说话内容的展开，再逐渐提高声音，不要一下子发出高音，以免吓到胎宝宝。

对话的话题最好事先构思好，内容可以是一段优美动人的小故事、一首纯真的儿歌、一首内容浅显的古诗，也可以谈自己的家庭和周围美丽的景色。准爸爸要用诗一般的语言、童话一般的意境向胎宝宝描述外面的美丽世界。

胎教效果

临近分娩，准妈妈的胎教训练要适可而止，散步是这个时期最好、最安全的胎教方法。准妈妈可选择于早晨在林间散步，此时空气清新，可改善和调节准妈妈大脑皮层及中枢神经系统的功能，增强抵抗力，有防病保健之功效，更有利于胎宝宝的健康发育。

准妈妈如果在散步中出现晕眩、恶心或疲劳等情况，应立即停止运动；若发生腹痛或阴道出血等情况，要及时到医院检查。

分娩胎教：几种最常见的分娩法

自然分娩法

自然分娩法是中国目前采用最多的分娩方式，它基本沿袭了传统的卧式待产法。也就是准妈妈平卧于产床，靠准妈妈自己努力，收缩腹肌以“逼”出胎宝宝，这种方法有可能因准妈妈的生理或心理因素而力不从心，使产程时间延长而有碍优生。

据国外科学研究显示，近年来发达国家的准妈妈很乐意选用立式或坐式的自然分娩法，也称最佳自然分娩法——即临产准妈妈在腹痛、下坠发作时，没有特别用力去收缩腹肌以“逼”出胎宝宝，而是利用重力作用对胎宝宝的垂直引力加速分娩，或利用准妈妈来回走动及坐蹲产生的体内压力来产出胎宝宝。这种分娩往往用时不太长，大都在准妈妈腹痛开始后平均不到2小时便自然产出宝宝，胎宝宝在产道内的时间最长不超过15分钟，产出的宝宝胎心却很平稳。

家庭式分娩法

家庭式分娩法是目前在日本非常流行的一种分娩方式。家庭式分娩法是指在准妈妈有正规宫缩后，立即送进医院的待产室，待产室布置得像家一样清洁雅致，并摆放着鲜花，准爸爸及其他家人可以在待产室里陪伴准妈妈。然后经专业医生、护士检查确定准妈妈无难产征兆时，医务人员就离开，由准爸爸守在准妈妈旁边陪伴其生产。当然，准妈妈的腹部包着胎心监护仪的探头，经电脑系统随时把准妈妈的血压、胎心率和宫缩强度报告给医务人员，这样准妈妈不仅有安全感，还有心理上的安慰和精神上的鼓励，反倒降低了生产的风险。

水中分娩法

水中分娩法是让准妈妈在一个大温水池中进行分娩，水的深度可以让准妈妈正常呼吸，宝宝会在水下出生。由于临产时准妈妈浸在水中处于漂浮状态，可减少甚至完全消除临产前的精神和肌肉紧张，有利于顺利分娩。这种分娩法轻快、无痛，很少发生并发症。

全程陪伴分娩法

全程陪伴分娩法是指准妈妈在产程早期，可以在普通病房开展各项正常的活动，并有家人陪伴，使其精神放松。而当准妈妈有分娩前兆进入分娩待产室后，由一名助产师实行“一对一”全产程陪伴分娩，以谈心方式与准妈妈亲切交谈、沟通，做好心理及生活护理，并允许护理和照顾准妈妈的准爸爸或其他一位亲属陪伴，共同帮助准妈妈建立对自然分娩的信心。全程陪伴分娩法可使准妈妈保持在最佳状态，避免造成胎宝宝在体内缺氧；同时，由于有丰富临床经验的助产士全程陪伴，可以及时发现异常，尽早处理，从而降低新生儿窒息的发生率。

手术分娩法——剖宫产术

剖宫产术是指经腹部切开完整的子宫壁娩出能存活的胎宝宝及其附属物的手术。近年来，随着麻醉术的改进及抗生素的应用，剖宫产术得以广泛应用。指征明确，手术时机掌握恰当的现代剖宫产术是抢救母婴的有效手段，但是剖宫产术毕竟是一个较大的手术，术中的出血、脏器损伤、子宫瘢痕及感染等并发症同样威胁着母婴生命安全。

准爸胎教：

准爸爸此时进行情绪胎教很重要

准妈妈怀孕以后，由于各种生理变化以及身体负担日益加重，心理会产生很大的变化。这时，准妈妈的情绪往往很脆弱，爱生气。如果准妈妈长期受到情绪压力，出生后的婴儿不仅体重轻，喜爱哭闹，而且往往会发生消化功能失调，孩子长大后对环境的适应能力差。因此，准爸爸在准妈妈妊娠期间要加倍体谅准妈妈，更多地关心和爱护准妈妈，使准妈妈保持情绪稳定，心情愉快，让准妈妈多体会家庭的温暖，避免因受刺激而产生愤怒、恐惧、忧伤、惊吓等不良情绪。

为了保证准妈妈情绪稳定，准爸爸可以多和准妈妈谈心，适当地和准妈妈开开玩笑，陪准妈妈多参加社交活动和进行短途旅游，让准妈妈的情感更加丰富，情绪更加高昂。

准爸爸除了要帮助准妈妈调节好情绪外，自己也要保持良好的心理状态，要以自己良好的情绪去影响准妈妈，切忌惹准妈妈生气，应经常陪伴准妈妈散步、听音乐，把准妈妈从不安的情绪中解放出来。

宝贝，

这是我们给你的第 **10** 封信

爱健康 美好
完美胎教

封面设计 何　琳
插图绘制 连丽丽
图片提供 北京全景视觉网络科技有限公司